ちくま学芸文庫

子どもの文化人類学

原 ひろ子

JN095687

筑摩書房

目次

写真撮影　原ひろ子

子どもの文化人類学

1 切ることと創ること

カナダの北西部、北極に近いタイガの林の中で、ムース（アメリカおおつのじか）やカリブ（野生となかい）などの動物をとり、川や湖で漁をして生活しているヘヤー・インディアンという狩猟採集民と延べ十一か月の間、いっしょに暮らしたことがあります。一九六一年から六三年にかけてのことでした。

何かにつけて日本やアメリカの常識とかけはなれたことを見たり聞いたりする毎日でしたが、ある日こんなことがありました。

丸木小屋のかたわらのひと気のないところで、四歳四か月の女の子が小さい斧《おの》をふりあげて、短い丸太を割ろうとしているのです。

思わず私は、親かだれか子守りしている人がいるのかどうかと見まわしました。つぎの瞬間、「危ないッ」と叫びそうになりました。しかし、ハッと思い直し、じっと見守ることにしました。

そして、もうそのときには、斧はふりおろされ、丸太は見事に二つに割れていました。その子どもは、割れた木片を薪《たきぎ》の山のあるところまで運んで積み重ね、ふたたび、小さい丸太をとり出してきて、二つに割ろうとするのです。もうそのころには、見ている私の心も落ち着き、感嘆の思いにひたりながら、その子の動作を見つめることができるようになっていました。

ヘヤー・インディアンのテントは、六畳一間くらいの大きさで、その真ん中にブリキの薪ストーブをおいています。夏でも夜にはストーブをたきますし、冬は零下五〇度くらいの寒さになるので、ストーブは真っ赤にもえさかります。その中で、はいはいする赤ん坊や、よちよち歩きの幼児も暮らしているわけです。ストーブに子どもが興味を示しはじめると、少しあつくなりかけたストーブをわざとさわらせます。肌が少し水ぶくれになることもありますが、そういうふうにしておけば、大やけどをしないで、ストーブを避けて身体を動かすようになるのだと、おとなたちはいうのです。ナイフなども、子どもの方でいじりだすと、おとなは、それをだまって見守ってい

斧をふりあげてストーブ用の薪を割る11歳の男の子。10歳前後から、男女とも一人前に薪を割り、のこぎりを引く。

ます。もちろん、いよいよ危なそうだというときには、とり上げたり、気をほかにそらさせたりします。しかし、ヘヤーのおとなたちのようすは、危ないと教えることよりも、子どもが早く自分でナイフを使いこなすようになることを重視しているように見えるのです。

ナイフの次は斧、斧の次はのこぎりと、次つぎに刃物に親しんでいきます。大きなのこぎりを子どもが二人がかりで引いたり押したりして木を切ることがありますが、十歳ぐらいの達人を相手に、六歳の子どもが十分あいかたをつとめます。そして、七歳ぐらいの子どもが、一本の丸太をのこぎりで切り、斧で割り、次にナイフを使ってカヌーの模型を作ってみたりするのです。十歳前後の男の子たちは、二人とか三人で林の中に入って行き、自分たちでウサギをとる罠《わな》をしかけることがありますが、道のない木立の間を進みながら、山刀を上手にこなして、スパッ、スパッと立ち木の腹に傷をつけ、帰途に迷わないための目じるしを作っていきます。

ヘヤー・インディアンの子どもたちの世界では〝ものを切る〟とか、〝ものを割る〟ということは、〝創る〟ことにつながっているのです。〝創る〟ためには、上手に切ったり、上手に割ったりできなければなりません。

林からひろってきた乾いた木片を、切出しナイフで削って、玩具のカヌーを作っている7歳の男の子。

そのうえ、十歳ぐらいの子どもは、ちょっとした傷の応急処置ができます。鋭い刃物で切った傷は治りが早いけれど、鈍い刃物やさびのついたもので切った傷はおそろしいということも知っています。しかも、自分を傷から守るのは、親や年上のだれでもなく、自分しかないのだということを肝に銘じて知っているのです。

ヘヤー・インディアンは子どものときから、自分個人の責任において判断し、行動するといった点で、極端なほど徹底している民族です。極地に住む彼らの生活では、人間はいつ凍死するかもしれないし、いつ餓死するかもしれない。だから、ちょっとした傷などは、たいしたことではなく、子どもといえども、本人が注意深くやりさえすれば、大事にはいたらないと考えているのです。

私は日本人として育ち、二十代になってアメリカの社会で生活し、二つのちがった社会を見ていました。一九六〇年当時、アメリカで女子学生の無難なアルバイトだったものの一つに、ベビー・シッターがあります。そのベビー・シッターをしながら、アメリカ人の子どもの勇敢さについて、びっくりしたことが何度かありましたけれど、ヘヤー・インディアンの人びとの中で暮らしてみると、それは、びっくりしました。ヘヤー・インディアンとともにいたときは「こんなに小さい子どもが、こんな危ないことをしているなんて」と、驚かされることの連続だったといえるかもしれません。

ところが、逆に「こんなことをさせないなんて」と思ったこともあります。ヘヤー・インディアンの住む地域には、大小無数の川や湖があって、夏の午後一時ごろ、気温が三〇度前後に昇ったりすると、私など、その澄んだ水の中で水浴びをしたい気持ちにかられたものでした。しかし、彼らは、絶対に泳がないのです。わずかに、十歳以前の子どもたちが、水の浅いところで、くるぶしまでつかって、小さい雑魚を網ですくうくらいです。それ以上、水の深いところへ入って行くと、水の中に住んでいる怪物が、生きている人間の霊魂を奪ってしまうと考えています。だから、泳ぐなどということは、彼らの想像を絶することでもあるのです。

だれも泳げないのですから、カヌーで湖や川を渡っているときにカヌーが転覆すれば、必ず溺死者が出ます。すると、「ああ、怪物が霊魂を奪ってしまった。だから、あの人は溺れて死んだのだ」ということになり、水中に怪物がいるという信仰がますます強められることになるのです。しかし、全体としてみれば「こんなに小さい子どもが、こんな危ないことをしているなんて」と、驚くことのほうが、はるかに多い毎日でした。

文明の発達した社会に暮らしていると、電気器具や自動車から子どもを守るために、どうしても親は「危ない」ということを教え、親のほうで、子どもの身を守るためのイニシアチブをとらざるをえません。最近の東京の交通標語に「危ないというより先に手をつなげ」というのがありますが、電気や自動車に関して、ヘヤー・インディアン式に、どんなに痛いか子どもに試させてみるということはできません。しかし、その「危ない」を教えるということに気を奪われるあまり、子どもがやればやれるようなことまで、「危ない」「痛い」といってとりあげてしまっているときがあるのではないでしょうか。

そして「ものを切る」とか「ものを割る」ということは、「こわす」ことになるのだということとしか、教えていない場合もあるのではないでしょうか。〝切る〟とか〝割る〟といった行為が、〝創る〟ことにつながるのだということを教えなくなってきているのではないでしょうか。

ともかく、ヘヤー・インディアンの子どもたちが、刃物を使いこなすありさまを眺めながら、次第に私は、「人間の子どもというのは、おそろしく幅広い能力と可能性をもっているものだ」という感慨を抱くようになりました。それに、ヘヤーの子どもたちだって、生まれながらに泳げないのではありません。ヘヤー族の文化の中に、〝泳ぐ〟という項目がないために泳がぬ、泳げぬおとなになっていくのです。人間が子どもを育てるということは、赤ん坊のもって生まれた可能性を、特定の方向にのばしてやることであると同時に、ある種の可能性を抑えてしまうことであるようです。

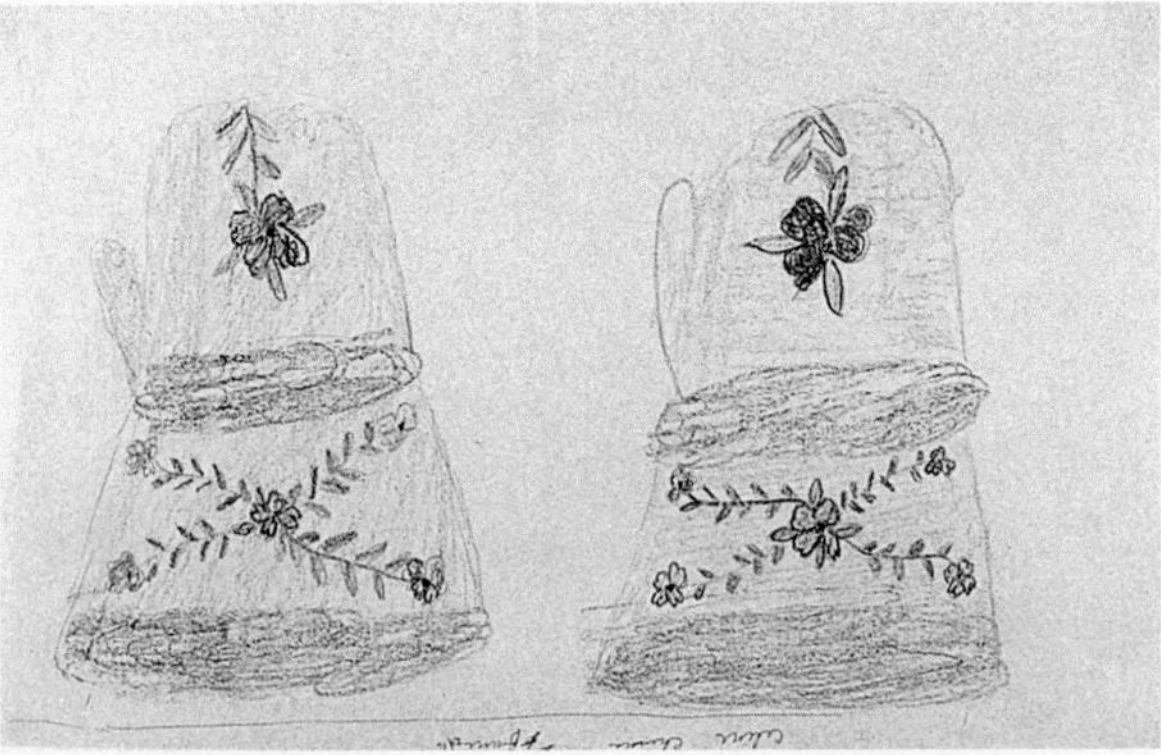

ミトン。ムースの皮に、林に生える野イバラの文様は、刺繍のモチーフとして人気がある。黒いところはビーバーの毛皮で、手首を保温するのに大切だ。こんなミトンをはめた手で、ビーバーの毛皮が鼻や頬にあたるように、顔をしじゅうこするのが凍傷を予防するコツだ。（ヘヤーの子どもの描いた絵より）

イヌーヴィクというマッケンジー河口の町に建った寄宿学校。校舎は永久凍土に１メートルほどの杭を打ち、その上に高床式に建っている。（ヘヤーの子どもの描いた絵より）

2　親の仕事を知らない子どもたち

日本では、幕末まで、給料生活者といえば武士階級の者ぐらいだったのが、いわゆる近代化の過程の中で、サラリーマン世帯が増加してきました。その傾向は近年とくに加速化されているようです。国勢調査によると、昭和三十五年に全国の総世帯数一九六七万八二六三世帯のうち、五五％にあたる一〇七七万四九五三世帯が賃金給料世帯となっておりました。それが昭和四十五年には、総世帯数二六八五万六三五六世帯のうち、一七六八万一二五二世帯、つまり六五％が賃金給料世帯となっています。その十年の間に、一〇％もサラリーマン世帯が増えているわけです。

このように、サラリーマン世帯が増えているということは、子どもの生活の場とおとなの仕事場が切りはなされている家庭が増えてきているということになります。仕事場と家庭が同じところにあったり、近接しているような自営の職業を持つ世帯では、親や、その他のおとなが仕事をしている姿を見ることができます。以前は、そういった家庭では、働くおとなを眺めるだけでなく、子どもたちも年齢や能力に応じて、家業の手伝いをしていたわけです。そして、子どもは、自分にまだできないことをおとながやっているのを、憧れの目をもって見つめ、「かんなをさっさとかけられるようになりたい」とか、「鍬《くわ》を片手で肩にかついでみたい」とか、「櫓《ろ》を漕げるようになりたい」とか、「そろばんを早く使えるようになろう」という気持ちをかきたてられる機会が多かったのです。

しかし、サラリーマン家庭の子どもたちは、自分の父親や母親が勤め先でどんな活動をしているのやら、そのさまにじかに触れるチャンスはほとんどありません。ビルの事務所で働く電話交換手の母が、どのように機械をとりあつかっているのか、また非常の場合、どんな風に機転をきかし、テキパキと連絡をとるのかといったことを、子どもが想像するのは難しいものです。コンピューターを操作する父親が、どういう手順で仕事をし、上司や同僚や部下の人とどんなつきあい方をしているかを眺めることはできません。

兄弟姉妹の数も以前は多かったのです。お兄さんやお姉さんの仲間に入りたいと思っても、入って行くと邪魔にされ、「あっちへ行っていなさい」といわれました。だが、そういわれながらも、年上の人たちが何をしているかを盗みとり、自分たちの遊びの中にとり入れていったものです。しかし、そういう経験が子どもの生活の中から減ってきているように思われます。

それに子どもが「ああ、素晴らしいなあ。あんなことがしてみたいなあ。大きくなったらあんなになりたいなあ」と思うものは、ほとんどテレビの中にあるとさえいえるかもしれません。子どもの憧れの的になっていることをしている人が、日常どんなことをしているのかに関しても、子どもたちはじかに接することができません。少年少女向けの雑誌の中には、スターの日常生活についての記事がかなりのページをとって掲載されていますが、それは、あくまでもつくられたイメージであり、子ども自身が確かめてみたり、自分なりの疑問を抱いてみたりしながらふれることのできる人物の生活ではありません。

話はちょっとかわりますが、最近、大学生の中には、「自分がほんとうに何をした

湖の氷の下に魚網をはって、ホワイト・フィッシュやマスをとる。氷点下 30〜50 度の寒気のなかでも、風をさけつつ素手で網から獲物をはずす。氷の上に投げだされた魚は瞬時にコチコチに凍る。

いのか分からない。それが僕の悩みです。ただ○○の会社は一流だし、僕の成績からいっても入れそうだから、就職試験をうけてみようと思います」という男子学生がいます。それと同じように、「私も自分が何をしたいんだか分からなくて困っています。友だちにもそういう人が多いんです。結局、まあ、お嫁にでも行こうかなってことになってしまって」という女子学生があります。もちろん、自分の希望や好みをはっきり持って、見事なまでに着々とその準備を重ねている若者もいますけれど。

「自分が何をしたいのか分からない」という若者に向かって、「では、あなたは、こういうことは自分はしたくない、自分はこうはなりたくない、ということがあるの？」とたずねると、たいていの場合、「いや、それも分からないんです」という答えが返ってきます。

どういう状況の中から、こういった若者たちが育ってくるのでしょうか。私には、まだよく分かっておりません。しかし、子どもの時代に、おとなの活動を眺めていて、おとなの活動の中に、「価値あるもの」を子ども自身が見いだし、「自分もやりたい。そのためにはあれもできなくてはいけない。これもできなくてはいけない」ということを、子ども自身が自覚するにいたる体験が乏しくなっていることが一因ではないかと思われます。

親や先生の側から「しなさい」といわれることを、仲間の同級生よりもよくできれば、賞められる。こういった体験が、子どもの生活の全部ではないにしても、大きな部分を占めてしまうと、自力で人生を探索するという能力がおとろえてしまうのでしょうか。

それとも、親や兄姉や祖父母など、身近に生活をともにする年長者が、何かに打ち込んでいる姿を見る機会が、サラリーマンの家庭では少なくなっているといったことが、自分の打ち込めるものを見いだせない若者を生みだしているのでしょうか。

ヘヤー・インディアンの社会では、一九六〇年当時、人々は狩猟採集民になるみちしかなく、それが当然でした。七歳ぐらいの男の子は、すでに自分が良い猟師になるのだということを自覚し、そのための腕を磨きはじめていました。女の子も、たくさんのウサギをわなにかけ、上手にムースの皮をなめすおとなになりたいと願いながら、自ら修練を積んでいました。そして、子どもや青年が自信に満ちて生きいきとしていました。

それは、あれこれと職業を選ぶ必要がないという社会であるがための救いであったのか。それとも、子どもたちが、自ら設定する目標に向かって、それぞれ自分のペースで、能力を磨き、自分を試すことができているために生じた状況であったのか。それとも、他に原因があるのか。一人ひとりのヘヤーの若者や子どもたちの顔が私の瞼《まぶた》にちらつくとき、こういった疑問が心の中を去来します。

ここまで職業が多様化し、人生に関するさまざまな価値観が共存している私たちの社会を、ヘヤー社会のように単一の生業で生活する社会に変えることはできません。ただ、おとなが何かに打ち込む姿を、子どもに見てもらうということ自体に、大きな教育的効果があるのならば、私たちは、ヘヤー社会から大いに学びとるべきかもしれません。サラリーマン家庭で、職業生活を子どもに見せることが困難であっても、趣味なり、副業なりに打ち込む親の姿を子どもに見てもらい、そして、何かをするための準備の段階から完成の段階までを、順次見てもらうというのは、まったくできないことではありません。

ヘヤーの子どもは、狩猟の名人といわれる人の姿に身近に接することができる一方、まだ修業中で、失敗を重ねながら猟師の生活を送っている若者とも友だちになっています。子どもが大きくなって、こんどは自分で猟をする番になったとき、ちょっと失敗したくらいで挫折したりはしません。つまり、成功しているテレビ・スターだけに憧れることになりやすい状況、成功して良い住宅に暮らしている人に憧れることになりやすい状況とは異なり、ヘヤーの子どもたちの前にはさまざまなお手本が提示されているのです。

日本では準備から完成までのプロセスに子どもが接するような機会をおとなが意識的につくる努力が、ますます必要な時代に入ってきているのかもしれません。

3　からだとつきあう　その一

ヘヤー・インディアンの子どもたちは、自分のからだとつきあうことを小さいときから学びます。

長い冬、氷点下五〇度になることもまれではない土地で、テントをねぐらにしているのですから、からだがしんそこから冷えきってしまうことがよくあります。キャンプ地でウサギや魚がとれなくなったり、テンやミンクなどの毛皮獣が罠にかからなくなったりすると、テントをたたみ、犬ぞりに荷物と子どもをのせて移動します。七歳ぐらいの子どもは自分で歩くので、まだ、からだがあたたまるのですが、そりにのせられて運ばれる小さい子どもは、それなりに大変です。ことに凍結した大きな湖の上を、むかい風で進むときなど、ほんとうにつらいものです。「さむいよう、さむいよう」といって泣くと、「涙や洟《はな》がこおって凍傷になるよ」とおとなにいわれます。そういわれる前から、子どものまゆ毛もまつ毛も、霜がおりてまっ白になっています。三歳の子どもでも、ひどい凍傷にかかると、耳や鼻がとれてしまうのだということを知っています。それで、泣きたい気持ちをじっとおさえ、からだに力を入れて、寒さを耐えしのびます。涙を流していたときよりは寒くありません。

それでもまだ湖の岸は遠く、風のない林の中に入るまでには、もっともっと進まなければならないのです。そのうちにねむくなってきます。からだ中の力がすうっと抜けて、なんとなくポカポカしはじめます。半分夢心地になりかけていると、またうしろから声がします。「ねむってはいけない。死ぬよ」、小さい子どもは、こんどは一生懸命、睡魔とたたかいます。心の中で、仔犬とおはなししたり、歌をうたったりするのです。

目的のキャンプ地について、おとなたちはまずたき火をしますが、顔が半ば凍傷になりかけた状態になっている小さい子どもたちは、すぐには火のそばには近づけません。凍傷の部分の肉が落ちるおそれがあるからです。まず、自分で雪をかたくかためて顔にあて、凍りかけた顔をとかし、足ぶみをし、からだをほぐしてから、はじめて火のそばに行かせてもらえるのです。

そのうちたき火の上でお茶がわいて、ウサギのスープもできあがります。男のおとなたちは犬にえさをやってから湖の氷の下に魚網を仕掛けに行き、女のおとなと十歳前後の大きい子どもたちで、テントを張り、その中にストーブをすえます。テントの床にエゾマツの枝をしきつめると、人びとはストーブのまわりでくつろぎます。「だいたいあたたまったなあ。足だけがまだ冷えている」と、靴をはずして、足をストーブに近づけ、マッサージをはじめる人。「私は腰がまだ冷える」と、ストーブに背を向けてすわる人などさまざまです。

三歳ぐらいの子どもも「ここが冷たい」と一人前の顔をして、自分のからだをいたわっています。ちょっとひとやすみして、上の子どもがふざけはじめると、小さい子どもたちは、いつの間にか寒さを忘れて一緒に遊び出します。おとなはだまってそれを眺めながら、寒さをのりこえた子どもたちの姿にホッとするのです。

日本でも、寒い地方や、冬山で寒さを体験していらっしゃる方にはおわかりいただけると思いますが、ヘヤー・インディアンにいわせると、からだが冷えきって、すぐ

雪が降ると、犬にソリをひかせて、キャンプを移動する。4歳7か月になるこの子は、まだ早歩きができないので、仔犬をひざの上にのせて、ソリの後部にすわる。

には暖がとれないようなときに、それを我慢したり、キャンプで火をたいてからだをあたためていったりする過程で、自分の肉体と心のあり方がいろいろとわかるのだといいます。

もうひとつ、〝飢え〟によっても、肉体と心を統合した〝自分〟を知ることができるのだと、ヘヤー・インディアンはいいます。

十月になって、河や湖が凍りはじめるという結氷期に入ると、水中に張ってあった魚網をひきあげ、河や湖を舟で渡ることもさしひかえます。いったん薄氷ができても、暖かい日が訪れるととけてしまうので、結氷は一進一退をくりかえしながら、だんだん厚さを増してゆきます。そして氷の厚さが一メートルぐらいになると、その上を荷物をのせた犬ぞりに、人が数人ついて歩いても安心だという状態になります。このような結氷期は、一か月前後を要します。ヘヤー・インディアンの住地は、多くの湖と、無数の河川におおわれています。河川は、夏は舟、冬は犬ぞりの通路となり、湖と、いわば巨大なロータリーとなるのです。

しかし、湖や河川が多いので、凍らないときには陸づたいに移動できる範囲がひじ

冬のはじめ、雪がつもらないうちに、キャンプを移動するときは、犬の背も人の背も荷物でいっぱいだ。

ように限られてしまいます。ひとつのキャンプ地でまかなえる食糧源がすぐ枯渇するので、ヘヤー・インディアンは、キャンプを常に移動して生活するのですが、結氷期にはその自由がなくなります。同様に、五月前後の解氷期にも舟が出せず、犬ぞりも使えず、魚網も張れない状態が一か月ぐらい続きます。犬ぞりをひく犬の食糧をけずりすぎると「いざ、移動だ」、「いざカリブ狩だ」といったときに犬が動けません。ですから、食物が不足してくると、人の方が我慢するわけです。

たとえば、人の食糧としてウサギ一羽分しかないとき、それを鍋に入れて水煮にします。生後一年以内の赤ん坊がいるときには、その子の必要量を確保し、次に、これから狩に出る二人の男たちにウサギの後ろ足を一本ずつ食べてもらいます。残りの人間は、スープをすすり、肉は一口だけ食べて、テントの中で寝袋に入ったまま、ゴロゴロしているのです。

いつもなら、夜を徹してでも昔話や世間話にうち興じ、冗談を連発してにぎやかに過ごすことの得意な人たちですが、食糧の枯渇しているときには、口数も少なくなり、静かに、狩に出た男の帰りを待ちます。でも、ただだまっていると、気が滅入りすぎるというわけで、ときおりだれかが軽い冗談をとばします。すると、皆はクスクス笑って気分をかえるのです。大笑いするとますますお腹がすくので、クスクス笑うのです。

子どもたちも、おとなと同じように飢えをしのびます。

お腹がペコペコでなにか食べたいという感じから、胃がひきしまっていくような気分にかわり、そのうちに全身の力が次第に抜けていき、腸の動きも不活発になります。目はくぼみ、肌のつやも消えて、ねむたいようなねむれないような気分になっていきます。

でも、ねむってしまって、火の気を絶やしたら、お腹がすいているだけに凍死しかねません。ですから、テントでゴロゴロしている人たちは、交代で薪をとりに行き、薪を割り、ストーブにくべていくのです。

子どもたちも、テントの外に積んである薪をストーブの脇まで運び込んだり、点火用のつけ木をこまかく割ったり、いろいろな仕事を分担します。そして用事が終わると、また寝袋にころがり込んで、狩に出た人が何か獲物をもって帰るのを、二日でも三日でも待つのです。

こういったことは、結氷期と解氷期に限ったことではありません。夏でも、そしてとくに冬には、二十四時間から四十八時間ぐらいの間、うすいスープしか口に入らないことがあります。

しかし、農村地帯の飢饉とちがって、狩猟民のヘヤー・インディアンの場合には、今日か、明日か、一週間後には、なにか食べ物が見つかるという希望が常にあります。また、獲物を解体するときに内臓まで細かく観察している体験から人間のからだの内部を類推して、飢えの時期には、内臓の機能などをあれこれと考えながら、自分のからだに生ずる変化をよみとります。

そのほかに、長く歩くと、どこの筋肉がどういうふうに疲れるかとか、重い荷物を背負うコツとか、水はどんなペースで飲むといいかとか、自分のからだのいろいろな部分と常に問答をくり返しています。

機械といったものがほとんどなく、道具も最小限の品で生産し、消費し、楽しみ、美的感覚を満足させている彼らは、文字どおり、〝からだ〟そのものを使って生活しているのですから、からだとつきあうすべを心得ているのも無理からぬことなのでしょう。

4　からだとつきあう　その二

　食物を求め、毛皮獣を追いかけて、常にテントを移動しながら暮らしているヘヤー族の人たちは、死ぬときは、自分でそうとわかるものだといいます。そして、自分の死に顔が安らかであるようにと、死に方をたいへん大事にしています。ふだんは「お前さんは、一人で寒さに耐え、一人で飢えをしのぐことができなければならないのだよ」と、人にも自分にもいいきかせて日々を送っている彼らですが、いったん重病人が出ると、テントにあふれんばかりに人が集まって来て、たがいによりそい、病人をはげまします。

「はげます」というのは、「よくなるように」とはげますこともあるのですが、病人が死期を悟ったとなると、「よく死ねるようにはげまし、見守る」のです。よい死に方をし、安らかな死に顔で、鄭重《ていちょう》に葬られた人の霊魂は、悪い幽霊にならないと信じられています。「死にたくない」とあがきつつ死んだり、溺死したりして、死に顔の美しくない死者の霊魂は、悪い幽霊になって、ヘヤー・インディアンの住んでいる林や湖のあたりをさまよい歩き、生者の霊を自分の道連れにさそいこもうとすると思われています。だからというわけでもないでしょうが、生きて残る人たちは、死に行く人を心をこめて見送るのです。

日本人の中にも、自らの死期を悟って、死後の手筈をととのえ、静かに死をむかえる人があり、尊敬されていますが、そういう死に方は稀なものとされます。しかし、ヘヤー・インディアンの間では、死ぬつもりになって死ぬのがふつうの死に方だと考えられているのです。死ぬつもりもないのに死ぬということは、本人にとっても、まわりの者にとっても、たいへんな不幸です。変な幽霊となってさまよい歩いていては、再び赤ん坊の肉体に宿ってこの世に生まれかわることができません。これは、ヘヤーの人びとにとっては、嘆かわしいことなのです。そして、さきほど申しましたように、悪い幽霊は生きている人たちをおびやかすので、たいへんおそれられています。ヘヤー・インディアンは「ああ自分は死ぬな」と思うと、まもなく死ぬことになるといいます。

ムースの肉をそぐように薄く大きく切って、天日に半日あて、それから燻製にする。内臓は人も犬も食べる。20世紀はじめまでは、骨でいろいろな道具を作っていたので、捨てるのは大きなツノぐらいだったが、最近では、骨の使いみちもなくなった。

マッケンジー河の河口のデルタ地帯に、一九五〇年代の後半、人工的に土地を造成して建設された、イヌーヴィクという町があります。

ここは、カナダ北西部地方の行政上の中心のひとつで、総合病院もあります。病院には広大な担当地域から、ことばや習慣のいろいろと異なるエスキモーとインディアン、それに少数の白人患者が送りこまれてきていました。その病院のあるお医者さんによると、重傷のやけどで、白人なら助かるかどうかが五分五分というような症状の場合、エスキモーはだいたい生きのびるし回復も早いが、インディアン、なかでもヘヤー・インディアンは、あっという間に死んでしまうというのです。

「ヘヤー・インディアンは、ちょっとしたことで、すぐ生きる意欲とか執着心とかを失ってしまいます。白人なら絶対死なないような軽度のやけどや肺炎でも、コロリといくんですからね。それに、痛いとか苦しいとか、とても大げさでね」

と、そのお医者さんはいっていました。

ヘヤー・インディアンの居住地域の救護所に詰めているしっかり者のイギリス人の看護婦さんも、

「ヘヤー・インディアンは、ちょっとしたことで大さわぎをするの。それに患者が、もう死ぬといいだしたら、あっという間に死んで行くのよ。ヨーロッパ流の医療がよく効くのは、ほんとに軽いカゼとか、麻酔で手術してしまえる虫様突起炎とか、お産、それから乳幼児の栄養指導だわ。肺炎には弱いのよ」

と、はなしてくれました。

ヨーロッパ流の医学は死を悪と見て、避けられるだけ死を避けようと努力してきました。そのヨーロッパ流の医学と、ヘヤー・インディアンの生き方、死に方とがすれちがうのです。

アメリカ人は、死をありのままにうけ入れることに抵抗しているともいえます。死とは避けるべきもの、いとわしいもの、そして、思うべきではないものだと考えているようです。ですから、アメリカ人の子どもたちにとって、人は死をいかにしてむかえるべきかとか、死に行く人をいかにして見送るべきかといったことについて、見聞したり、みずから考えたりするチャンスはほとんどありません。おとなたちが、そういったことに思いをいたすことを避けて生活しているからです。

それと対照的に、ヘヤーの子どもたちは、もの心つく頃から、悪い幽霊のおそろしさについて知るようになります。それに子どものときから、何回も重病人や死者の出る場面に居合わせて、「死とはみずから思うものである」ということをさとっていくようです。

ヘヤー・インディアンの子どもたちは、前におはなししたように、飢えや寒さとたたかうことを身につけますが、それと同時に、餓死のしかたや、凍死の心構えも学びとっていくのです。そして、一般に、餓死した人や凍死した人の死に顔は安らかだといわれています。そのおかげで、人は安心して餓死を迎え、凍死を受け入れることができるようです。このような文化では、どういう死に方が自殺であって、どういう死に方が病死であるのかを区別することが難しく、ヘヤー・インディアン自体は、死をそのように分類することには、あまり関心がないようです。したがって、アメリカ中流階級のように、自殺を罪悪視し、拒否する考え方も、ヘヤー・インディアンにとっては、縁遠いものとなっています。

では、彼らは、どのようにして自分の死期を知るのでしょうか。それは、一人ひとりについている守護霊が、告げてくれるのです。三歳ぐらいの子どもでも、すでに自分の守護霊をもっている場合があります。夢にビーバーとかテンとかの動物があらわれて、その人の守護霊であることがわかると、それ以後、その人にとって、その動物を殺したり、肉を食べたりすることはタブーとなります。そして一生その守護霊に、いろいろなことを〝相談〟しながら生活するのです。しかも、その動物は、父の守護霊とも、母の守護霊とも異なる場合が多く、兄弟たちの守護霊ともちがいます。

十歳ぐらいになるまでに、たいていのヘヤー・インディアンに特定の守護霊がつきます。十一、二歳になっても夢に守護霊が現れない場合、その子どもは、キャンプから少しはなれたところに、一人で行って断食し、眠らずに守護霊の現れるのを待ちます。ふらふらになって幻覚でも生じるのでしょうか。守護霊が現れます。その子どもは大喜び。おちくぼんだ目を輝かせてキャンプへ戻り、自分に守護霊が現れたことを報告します。でもお祝いがあるわけではありません。

狩猟のときも、魚をとるときも、キャンプの移動についても、人間関係についても、守護霊と相談してやらないと、一人前の活動はできないと彼らは信じています。ですから、十一、二歳になっても守護霊が現れないことは、その子どもにとって大問題なのです。でも、親や兄や姉などが助力して得られるものではなく、本人の運命とか宿命にまかせられていることと考えられているらしく、共同でお祝いすることはないのです。

ともかく、その守護霊が、自分の死期を知らせてくれ、ヘヤー・インディアンは死をうけ入れるのです。守護霊のついていない子どもの死に方は、死に方として幼いと思われているようです。

5　一人で生きること

インドネシアの首都ジャカルタは、生きている街というか、成長する都市ともいえるところで、年々変化がめだちます。そのエネルギーがどこから出てくるのか不思議なくらいです。

一九六七年から六九年にかけて、私はジャカルタのトゥベットと呼ばれる裏町に住むジャカルタ・アスリという人たちを調査しました。

ジャカルタの住民の大部分は、インドネシア各地から自分の代に流入してきた人や、先代が移入してきた人たちです。つまり、故郷がジャカルタの外にあり、家庭では、共通語のインドネシア語と同時にもう一つ、ジャワ語とかスンダ語とかミナンカバウ語、バタック語などのことばが、用いられています。これらのことばは、日本の〇〇弁といわれる方言どうしより、お互いにわかりにくいことばです。イタリア語、スペイン語、フランス語などの間の関係に似ているといってもよいかもしれません。ジャカルタ・アスリと呼ばれる人たちは、インドネシア語のほかに、彼ら固有のジャカルタ語を話し、代々ジャカルタで生活してきた人びとです。そして、かなり古くからイスラム教を奉じてきたと思われ、ある意味でコチコチのイスラム教徒です。私どもが調査をした当時、彼らにはマンゴー、パパイア、その他の果樹を栽培して生計をたてる人、魚や野菜の行商をする人、魚市のせり人、自動車修理工、ビルの守衛、よその家のお手伝いをする人などがいました。家いえが密集して軒を並べている町は、昼間、子どもと老人の町になります。女のおとなも半数ぐらいは外に働きに出るのです。

子どもたちは、学齢期になる前から、よその家の簡単なおつかいをしたり、ちょっとした手伝いをして〝かせぐ〟ということを覚えます。

このあたりでは、一日に一回だけ昼前に調理し、それを昼、夜、翌朝とに分けて、家族が思い思いの時間に食べています。そのための干し魚や野菜から、調味料にいたるまで、その日その日に必要な分だけを、行商人や近所の小さいお店から買っています。熱帯で冷蔵庫もないうえに、その日ぐらしの生活が習慣となっているせいでもあるようです。不意の来客があったりすると、紅茶を一握り分だけ買いに走って、もてなします。縫いものをするときでも、ちょっとしたつくろいものなどに必要なだけ糸を買って来て使います。ですから、化学調味料なども耳かき五杯分ぐらいを、お薬のように包んで売っていますし、とうがらしも一回分ぐらいを一束にして、お店においてあります。

子どもたちは、細い路地で、メンコをしたり、ままごとをしたり、すもうをとったりして遊んでいるのですが、母親や近所の老人やおばさんに呼ばれて、調味料を店に買いに行ったり、先にやり過ごしてしまった行商の人をよびとめて、お菓子を買ったりするおつかいを頼まれます。

「ミーナ、ここに三ルピアあるから、トラシとトマトとしょうがを買って来てくれない?」といわれて、六歳のミーナは、ままごとから抜け、お店の方に走り出しました。トラシというのはアミのような小さいエビを塩づけにしてかためた、だしのもとです。トマトも、この人たちは野菜として食べるのではなく、プチ・トマトほどの小ささの青い実をすりつぶしてスープに入れ、調味料として使っています。ミーナははりきってお店に行きました。

「トラシ一かけと、トマト二つ、それにこの中くらいのしょうがでいくら？」

「三ルピア」と、お店のおばあさんはいいました。

「二ルピアにしてよ」と、ミーナ。

「じゃ二ルピア半だ」と、おばあさん。

ミーナは品物と半ルピアのおつりをもらってかけ出します。そして、となりのおばさんに品物だけを渡します。おつりの半ルピアはミーナのポケットに入ったまま。おばさんはニッコリ笑いました。けれど、それは〝ピンハネ〟ではなくて、当然の〝商業行為〟なのです。

おばさんは三ルピア出して、トラシとトマトとしょうがが欲しかった。ミーナはそれを買って届けた。そしてミーナの届けたトラシやトマトやしょうがは質・量ともにおばさんを満足させたのです。お店のおばあさんが、はじめ三ルピアと値をつけたものを、二ルピア半に値切ったのはミーナの力量なのですから、おつりの半ルピアは、当然ミーナの手に入るという考え方が成り立っているわけです。

このようにして子どもたちは、チョコチョコと日銭をかせぎます。小学生などは放課後に、かなり大口のお使いをたのまれることもありますから、日によっては親の収入より多くかせぐ日もあります。ときには、親の方の収入が少なくて、食べ物にこと欠くような日に、小学校三年の息子は、アイスキャンデーを十本ほど買って友だちにごちそうしたりすることもあります。つまり、子どもの収入はあくまでも子どもの収入であって、その使い方は子どもの自由だというわけです。もちろん、気がむくと息子がお母さんに〝かせぎ〟の半分を渡したりすることもありますが、これも親から頼むのではなく、息子の方のその日の考えによってそうするのです。たとえば、息子が野球のバットを買うために、自分で貯金をはじめていたりすると、一家で一日おかゆをすすっていても、自分のかせぎはガッチリ手ばなさずに貯金にまわしています。

彼らの奉ずるイスラムの教えでは、一家の食事は父親が責任をもつことになっているので、小さい息子が食費を出す必要はないというのが彼らの論理です。

このように、ジャカルタ・アスリの社会では、家族の間の関係が権利・義務で割り切られている部分が多いのです。息子が恒常的に自分の食費を自分でまかなえるようになると、たいてい独立してしまいます。そして息子が比較的金持ちになっていても、経済力の弱った父親は、老いた妻と細ぼそと貧乏暮らしを続けていくようになるのも珍しくありません。

ジャカルタ・アスリの間では家族は運命共同体ではないのです。「家族たすけあって苦境に耐え、運命をきりひらいていこう」といったことは、彼らには想像もできないでしょう。運命というのは、アラーの神のおぼしめしにより一人ひとり異なるものなのであって、家族同士で協力したところでアラーのおぼしめしを微動だにさせることはできないと思っているのです。

狩猟採集民のヘヤー・インディアンは、一人ひとりに守護霊がついていて、その守護霊と話しあいながら人は生活するものであり、親や兄弟といえども、そういった個人の生活に干渉できないという考え方をしているということを、さきにのべました。ジャカルタ・アスリの場合は、ヘヤー・インディアンとは別の意味で、「人が一人で生きている」のだといえましょう。ジャカルタ・アスリも、人にむかって「ああしなさい、こうしたらどうか」といった命令や助言をしません。ものごとは一人ひとりが自分の責任で決めるものなのですから、他の個人の世界に入りこむことを避けるのです。そして自分の選択した結果が良く出るか悪く出るかは、アラーのおぼしめししだいだと考えているのです。

ヘヤー・インディアンの場合は、人は守護霊とかけ引きをしたり、つき合いをしたりするので、守護霊は「絶対者」ではありません。それにひきかえ、ジャカルタ・アスリのアラーの神は、人間の側の思惑やお願いで左右されるような存在ではなく、一方的におぼしめしやお恵みを与えて下さる神であるので、人間としては、ひたすら「神よ、あなたを信じます」といって祈るほかありません。ジャカルタ・アスリの子どもたちも、自分の運命はアラーの神の手のうちにあるのだということを、五、六歳ごろから認識していくようです。

6　けんかをどうとめるか

一九六七年のころ、インドネシアの首都ジャカルタのトゥベット地区には、ジャカルタ・アスリと呼ばれる人たちの集落のまわりに、オラン・ジャワと呼ばれる人たちも住んでいました。オラン・ジャワは、家族の間ではジャワ語で会話をします。そして、ジャワ島の東半分に故郷をもっていて、故郷の人びととの往来もひんぱんです。

オラン・ジャワの子どもがけんかをはじめると、ただちに子どもたちを引き離して、一人ひとりを別の部屋にとじこめたり、遠くへ連れて行ったりします。それは子どもたちがなぐり合ってけがでもしかねないから、引き離すというのではありません。口論をはじめた段階でも、引き離してしまうのです。そして理由は問わないのです。なぜなら、理由のいかんにかかわらず、人と口論するなどという荒々しい行為は、人としての徳に反することだと考えられているからです。ものごとは静かに話し合うべきである、どんなに時間がかかっても、紆余曲折《うよきょくせつ》があっても、静かな話し合いによってお互いに妥協点を見出すようにもっていくことができることが、人間としての第一条件だとされています。そこに、オラン・ジャワは人生の美学を構築しているといってもよいかもしれません。おだやかな話し合いとともに、ものやわらかな、そしてスムーズな身のこなし方や、丁重な客のもてなし方もたいへん大切だとされています。

そして、これらのことは、ある年齢に達した子どもに対して、「大きくなったのだから、静かにふるまいなさいよ」ということによってしつけるだけではありません。あまり大声で泣く赤ん坊や、ギャーギャーとわめき立てて、だだをこねるよちよち歩きの子どもがいると、その母親は、「なんとダメなお母さんなのでしょう」と、陰口されます。そこで赤ん坊に泣かれたり、わめかれたりする前に、乳房をふくませたり、お菓子をあげたりして、なだめてしまう母親が多いようです。

ところで、五、六歳より大きい子どもが、子ども同士での話し合いを試みてうまくいかなかったとき、母親や兄や姉に窮状をうったえてくることがあります。そんなとき、年上の者は、じっくりと子どもの話を聞き、必要に応じて相手方の子どものいいぶんも聞いて仲裁の労をとることさえあります。人によっては、子どもの話を落ち着いて聞いてやらないおとなもいますが、そういう人は「思慮のたりないダメな人」とされます。

道路で、子どもたちがなぐり合いでもしかねない勢いでいるときなど、通りすがりの知らない人でも、「けんかはやめなさい」と、静かにさとすような声で子どもたちにいいきかせます。口でいってもききめがないと、からだで割って入って子どもたちを引き離してしまうことさえあります。子どもたちが離れて静かになると、そのおとなはだまって立ち去ります。どんな原因でけんかになっていたのかなどは、そのおとなにとって、どうでもよいことだからです。

ところで、同じトゥベット地区に住むジャカルタ・アスリは、子どものけんかをどう処理するでしょうか。

口論している段階では、どんなことばを使おうと、どんなことでいい争っていようと、親もだれも、知らんふりでいます。しかし、お互いになぐり合いをはじめたり、棒を手にしたりすると、親でも兄でも、近所の人でも、さっと割って入って二人を引き離してしまいます。しかし彼らも、どうしてこんなけんかになったのかと問いただすことはしません。

オラン・ジャワもジャカルタ・アスリも、けんかをしている子どもを引き離して、わけを聞かないという点では共通です。ところが、なぜ、そうするのかという理由を調べてみると、たいへんなちがいがあることがわかりました。

ジャカルタ・アスリの場合、けんかの理由を問いただざないのは、たとえどんな理由でけんかをしていても、それは当事者である子どもたち本人のビジネスであって、親きょうだいをふくむまわりの人間の関知することではないからです。ただ、人がけんかをするということは悪いことなので、それをくい止めたにすぎないのです。ですからいくらはげしい口論が目の前でくりひろげられ、罵詈雑言《ばりぞうごん》が飛び散っても、平然としています。

それにひきかえ、オラン・ジャワは、「理由はともかく、人と荒々しくあらそうことは悪である」という考えから、口げんかをしている子どもを引き離してしまうのです。そして、子どもの方から何か訴えてこないかぎり、おとなの方からけんかの原因を詮索したりしないわけです。

トゥベット地区では、オラン・ジャワとジャカルタ・アスリが隣り合って住んでおり、同じ学校に通っていました。学齢以前の子どもは、ことばの関係もあってほとんどジャカルタ・アスリはジャカルタ・アスリ同士で遊び、オラン・ジャワはオラン・ジャワ同士で遊ぶのですが、入学した子どもたちが、放課後、まじって遊ぶことも時たまあります。そんなときに、けんかが起こった場合、さいわい両方とも、おとなが子どもを引き離すので、解決がつきます。

そのあとで、自分の子どもにけんかの原因を問いつめて、相手の親にねじ込むといったことを両者ともしないので問題はこじれません。

それにジャカルタ・アスリの子どもが、悪口をたたきはじめると、オラン・ジャワの子どもは、たいてい家の中にひきさがってしまいます。学齢期ともなると、オラン・ジャワの子どもには、荒々しいものいいや、仕草を、それだけで不快に感ずる心が少しずつできてくるようです。

カナダの北方の狩猟採集民、ヘヤー・インディアンは、お酒をのんだときだけ、相手に対する不平不満を爆発させるおこりジョウゴの多い民族ですが、子どもたちの小

夏のフィッシュ・キャンプの全景

さないさかいは、親でもだれでも、面白いショーのように眺めて楽しみます。

たとえば、おもちゃの奪い合いでも、片方が、丸木の小舟をテントのすみにかくす、相手がそれをさがして別のところへかくす、といったことのくり返しの場合、おとなたちは大喜びでそれを眺め、子どもたちは観客を意識して、とり合いをしていたことを忘れて、かくしゴッコを続けることになります。

しかし、からだでうばいあったり、なぐりあったりするようになると、「エッウェンが来るぞ」といったおどしをかけて、けんかをおさめてしまいます。そんなときに、おとなは「私はけんかは悪いことだと思っているのです。ですからやめなさい」という論理は用いません。けんかをするとエッウェンのような幽霊や、オオカミや、最近では、白人のおまわりさんに何かされるぞ、とおどすのです。

こういったしかられ方をすることによって、人をからかうのはよいけれど、本気のけんかはしない方がよいということと同時に、エッウェンや、オオカミや、巡査とはおそろしいものであるということをも教えられていきます。そのかわりというか、面白いことがありました。子どもたちが何人も群がって、私の小さいテントに遊びに来ているとき、からだをくっつけあった女の子たちが、お互いにツネリ合ったり、足でちょっとけとばしたりしてはクスクス笑っているのです。あとでいろいろ聞いてみると、何か昨日シャクにさわっていた相手をチョッとツネってみたのだそうです。相手もツネりかえしてきたので、けんかに発展しないように、からかい合いの形をとるように軽いツネり合いとけとばし合いに変えていったのだと解釈できるようになりました。

八、九歳の女の子たちにも、ヘヤー・インディアンとしての社会生活の知恵が、こんな形で身についていくようでした。

7　親子のつながり

「親の因果が子に報い」という言葉が、日本語にはあります。日本では、親の不幸は子の不幸であり、子の不幸は親の不幸であるというように、親子は運命共同体として認識されていると思われます。

ところが、ヘヤー・インディアンは、親子のつながりを日本人ほどには強く考えません。親には親の運命があり、子には子の運命があると思っています。また親が有能な猟師だから、子も猟が上手になるだろうといったことを期待しません。子どもは自分自身の力で猟の腕をみがき、運命をきりひらいて行くものだと考えているのです。前にも書きましたように、自分一人だけについて、自分を守ってくれる守護霊の告げるところに従って日々の行動を律するヘヤー・インディアンにとっては、親やきょうだいが自分のことをどう思っているかよりも、守護霊が自分を見放さずにいてくれることの方が大切なのです。

こういった前提が、生活の基盤となっているせいか、ヘヤー・インディアンは「自分で生んだ子どもは、自分で育てるのが当然だ」という考えも持っていません。子どもが多くて、夫の猟師の力ではこれ以上子どもが増えると食糧難になるといったような場合、生まれてくる赤ん坊を引きとってくれる人をさがして、生後すぐに養子に出します。

ヘヤー・インディアンの間では、夫婦のきずな自体がとても弱く、しょっちゅう別居したり、夫や妻がそれぞれ恋人をつくって逢瀬《おうせ》を楽しんだりします。そこで、今は遠くに行っている男との交渉で妊娠した場合、現在いっしょにいる男が、その赤ん坊を嫌うことがあります。そんなとき、女はその赤ん坊を養子に出すのです。大きなおなかを指して、「この子は、誰某のところに行くことになっているんだよ」とにこにこ話す妊婦がいても、ヘヤー・インディアンは不思議がりません。よくあることですし、部族の人たちは、その女がなぜ赤ん坊を養子に出すのか事情を知りつくしているのです。

生後まもない赤ん坊にかぎらず、十五歳ぐらいまでの、いろいろな年齢の子どもが養子に出されています。

どんな人が養子をもらうのでしょう。ヘヤー・インディアンは、子どもがまわりにいて、日に日に成長し、意外なことをしでかして、おとなをびっくりさせたり、笑いにさそいこむことを、この上なく貴重なことと考えています。最低限の生活必需品を犬ぞりに積んで移動するテント生活者のヘヤー・インディアンには、娯楽の種類がかぎられています。冬の夜長の物語とか、秋や春の渡り鳥を撃つピクニック、どぶろくパーティーなどで、一九五八年ごろから、トランジスタラジオで音楽を聞いたり、ギターをひいたりすることが加わったというものの、小人数のおとなが、食糧や燃料の豊富でないキャンプ生活を続けるのには、子どもという道化役者がいるかいないかは大きなちがいなのです。

日本人も、小さな子どもがいることで心がなごむといったことは、日常的に体験していることですが、ヘヤー・インディアンは、それが日常生活に不可欠なものとさえ感じているのです。ですから、子どもの生まれない女の人が、赤ん坊をもらうだけで

テントの前のシャーマンの一家。左から、妻、三男、養女、長女、次女、シャーマン。すでに猟師となっている長男と次男は別べつにいとこたちとキャンプをしている。

はありません。自分の子どもたちが、十五歳をすぎるくらいに大きくなって、いちおう独立のテントを構えるようになった夫婦が、他人の子どもをもらって、二度目の育児生活に入ることもまれではないのです。夫婦が元気で猟の力も衰えていない場合には、赤ん坊をもらいますが、少し体力の衰えを感じている人たちは、五、六歳の子どもをもらったりします。五、六歳の子どもなら、薪をテントの中に運んだり、水をくんだり、犬の餌を作るのを手伝ったり、何かと役に立つのです。そして、夫婦の体力が衰えてくる五年後には養子は十歳をこえ、兎狩りや薪のきり出しもできるようになり、十年後には、ムースやカリブの猟にも出るようになります。

このように、ヘヤー・インディアンにとって養子は、日々の慰めでもあり、老後の生活のたすけでもあるのです。

小さい子どものない人だけが養子をもらうのではなく、すでに三人もの育ち盛りを抱えているような人が、養子をとることもあります。それは、夫婦のどちらかが自分の守護霊から「養子をせよ」とのお告げを受けた場合です。そんなとき、彼らは、自分たちの子どもと養子を見事に分けへだてなく育ててゆきます。また養子となった子どもも「自分は養子だから」といってひねくれたりすることは、ほとんどありません。

おもしろいことに、養子に出された子どもは、すべて、「自分の生みの父は○○で、生みの母は△△だ」ということを知っています。さらに、「○○という父と△△という母から生まれたきょうだいはだれとだれだ」ということも知っています。ヘヤー・インディアンにとって、自分の生みの父と生みの母がだれであるかを知っていることは、たいへん大切なことなのです。もっとも、〝生みの父〟については、母親が何人も恋人を持ったりして、ほんとうのことがわからないときもあります。うたがわしいときに、現代科学の力を借りていろいろと検査してみるすべなど、もちろん持ち合わせていない彼らは、まわりの人びとが納得するような生みの父を、母の数人の恋人と夫の中から指定します。そして、その男が、赤ん坊の生みの父となるのです。

ヘヤー・インディアンは、「親子を運命共同体として認識していない」と、すでに書きました。ただ、次のことで、彼らは親子のつながりを確認するのです。

第一に、生みの父や生みの母と性の関係をもつことは禁じられています。近親相姦のタブーは、父母のほかに、父母を共にしているきょうだいにも適用されます。

第二に、娘は、自分が妊娠していると気づいたら、ただちに、生みの父母と、ほんとうのきょうだいと夫に知らせなければならないとされています。それを怠ると、父母、きょうだいや夫の上に、何か不幸が起こると信じられています。

第三に、男でも女でも、死者が出ると、その遺体を埋めてくれた人たちと、死者の父母、きょうだい、配偶者とは、「あいさつもしてはいけない。話をしてはいけない」という特殊な関係に入ります。ヘヤー・インディアンによれば、「身内の死体を埋めるという大変なことをしてくれた人たちだから、ありがたくてありがたくてものもいえないぐらいありがたいから」だそうです。

右にのべたような儀礼的な関係は、養子にいった子どもでも、生みの父母に対して一生持続するわけです。養父母とは、日常生活でたすけ合うのが主で、儀礼的な関係はほとんどありません。

養子に出されなかった子どもでも、父や母と同じテントにいるのがなんとなくうっとうしく感じられて、フラリと別のキャンプへ移ったりするということもあります。五歳ぐらいの子どもでも、そういった家出をするのですから、部族全体で人口三百五十人前後、テントの数は六十前後といったヘヤー社会ですのに、一九六一年九月の時点で、十九のテントに二十四人の養子がおり、数人の子どもが、家出っ子として、数日ないし数週間、よそのテントに滞在していました。

「生みの親でもいっしょに暮らさないと情がわかない」という言葉が、日本にありますが、そういった感覚からは、なかなか理解できない生活感情がヘヤー・インディアンの親子の間にはあるようです。その根底には、「自分が生んだり、育てたりしている子どもでも、はじめから独立の人格をもち、おとなの側からはどうにもならない守護霊とのつき合いで生きているのだ」という認識があって、個人の独立の人生を尊重する態度が、基本になっているのではないかと思います。

ヘヤーの親であることは、日本人の親にしてみれば、「とても寂しい」生活かもしれません。

日本や西欧には、生みの親に育てられている子どもが、「私は親にあまり可愛がられていないけれど、もしかしたらもらわれたのではないか」といった妄想を抱くことがありますが、ヘヤー・インディアンの社会では、そんなことが起こらないのです。

8　あそび仲間のこと

ヘヤー・インディアンは、おとなの男と女の対と、その子どもたち二、三人で一つのテントにキャンプしています。そのテントのまわりのけものや魚やたきぎをだいたいとりつくしてしまうと、ちがうキャンプ地へと移動して、新しくキャンプをはります。

一つのキャンプ地には二つのテントがあることもあり、四つから六つのテントがあることもあります。しかし、いくつかのテントがグループをつくってずっと一緒に移動しているわけではありません。たとえば八月十日現在に、甲の地点でA、B、Cの三つのテントがあるとすると、八月十五日にはBがよそへ出て行き、翌々日にはDのテントが入ってくる。八月二十日にはAのテントは乙の地点へ移動し、丙の地点から

年齢が近く、気の合っていた３歳の三人組にも、お別れのときがきた。右端の男の子チャーリーは身支度もととのい、キャンプ移動の出発を待っている。

やって来たEのテントと並んでキャンプするといったぐあいです。ヘヤー・インディアンは部族全体の人口が三百五十人。たったこれだけの人間が、日本の本州の半分くらいの面積の土地を、あちらこちらへと移動して暮らしているわけです。

このような生活をしているので、子どもの立場からすると、隣のテントにいる遊び友だちがしょっちゅう変わってくる、ということになります。ヘヤー族全体の中にゼロ歳以上十歳未満の子どもが、一九六二年で、男五十人、女五十四人いました。この約百人の子どもたちが、三十か所とか、ときにはそれ以上の数にのぼるキャンプ地に分散しているのです。さきほども書きましたように、ヘヤー・インディアンは、一つのテントには子どもを二、三人まで置きますが、それ以上に生まれるとよその人に養子や里子のような形であずけます。また、子どもが成長してしまった人や、子どもの生まれない人たちは、養子として子どもを迎え入れたがります。ですから、ヘヤー全体でテントの数が六十ぐらいあるとすると、その中の四十テントには子どもがいることになります。

ところで、約百人の子どもたちの年齢はゼロ歳から十歳までという幅の広さです。一つのキャンプ地に四、五人の子どもがいるような場合でも、その年齢はさまざま。

四、五人で群れをなしてあそぶ姿はめったに見られません。年齢のちがう子どもたちが、ときおり、いっしょに何かしていることもありますが、十五分もすると、大きい方はつまらなくなって、一人あそびをはじめてしまいます。すると小さい方も、何やら一人であそびはじめます。ですから、キャンプ地に、子どもが数人いても、それぞれが一人あそびをしている時間がかなり長くなります。

ヘヤー・インディアンの子どもたちとて、やはり年齢が近く、体力や精神的な発達度が似かよった子どもどうしであそぶのがいちばん楽しいようです。しかし、そういった理想的な友だちとキャンプを共にできるチャンスは一年に一、二回あるかないかということになります。同年齢の子どもが同じキャンプにいて、しかもそれが何か気が合う相手だったりすると、子どもたちは、食欲も増し、きげんもよくなり、瞳はいきいきと輝き、肌もつやつやとしてきます。その姿をまわりで見ているおとなたちも、「ちょうど良いんだなあ」と、一日のうちに何回も話題にしています。「子どもにとって気の合うあそび友だちといっしょにあそべるというのはすばらしいことなんだ」ということを、おとなたちは、よく知っているのです。

でも、だからといって、子どものあそび仲間がいるキャンプ地へ、移動するようにしようなどと考えてやることはありません。キャンプの移動に際しては、男のおとなにとって気の合う狩猟仲間がいるかどうかということが大事なことなのです。それから、女のおとなにとっては、男が狩りに出て女たちだけでキャンプを守るときに、気の合う女のキャンプ仲間がいるかどうかということが大事なことなのです。この二つの条件が一度に満たされれば彼らはこの上ないしあわせと感じるくらいで、たいていは、どちらか一方が思う通りにいかずにがまんしているのです。それに加えて、子どもどうしが気の合うあそび仲間かどうか、などという条件を加えている余裕はないというのがヘヤー・インディアンのいい分かもしれません。

キャンプ地で、子どもたちが気が合って生きいきとした毎日を送っているし、その付近には動物も豊富で毛皮もたくさんとれ、魚もおいしく、あと十日ぐらいの食糧は絶対に枯渇しないことがだれの目にも明らかなときに、突然、一方の子どもの親が、「今日の午後、キャンプを移動しよう」と朝のうちに決め、昼間のうちにテントをたたんで、次のキャンプ地に行くことがあります。それは、おとなのキャンプ仲間の人間関係が、何か気まずくなったようなときです。そんなときに、「子どもたちがせっかく楽しそうにしているのだから、おとなどうしの気まずさは、この際しばらくがまんしよう」などとは考えてくれません。

彼らは子どものときから、けんかをするとおそろしいものにおそわれるといってしつけられます。しかも、いかにして人に「ノー」を表現すればよいかを教えられないのです。また、「私は、これこれのところで妥協しているのですから、あなたも、まあまあのところで折れ合ってくださいよ」ということを、言葉とか態度で示す生活の知恵がヘヤー文化にはないのです。そのせいかどうか、人間関係についてのがまんが、すぐに限界にきてしまいます。飢えや寒さや不眠について、とほうもなくがまん強いヘヤー・インディアンですが、人との関係でちょっといやなことがあると、もうその相手の顔を見るのもいやになり、テントを移動して、相手から離れる以外に解決法がないのです。しかも、キャンプ地を離れるときに捨てゼリフをはいて出るなどということをしないばかりか、「あちらのキャンプ地でつれあいの母親が来てくれといっているから」などと、さしさわりのない理由を見つけて、今のキャンプ仲間に別れを告げるのです。こういうふうにして人間関係の摩擦を解消することが、ヘヤー・インディアンの個人個人の精神衛生のうえにとても大切なことのようです。「イヤな奴」の顔を見て心の中にウジウジとした気持ちをこめていると、魚をとったり狩りをしたりする上の判断力なども狂ってしまうらしいのです。そうして、そのような心の状態でいると、悪霊にとりつかれやすくなるのだそうです。ですから、子どものあそび仲間についての配慮などしている暇はありません。

一方、子どもの方は、突如として、大好きな友だちに消えられてしまい、三、四歳児などはしばらく虚脱状態におちいることがあります。肌のつやが消え、目の力がなくなって、動作が緩慢になり、ピチピチとはねまわる姿が見られなくなってきます。食欲もすっかりおとろえてきます。

四、五日もこんな状態が続くとおとなたちは、「急に友だちが行ってしまったからなあ」といって、小犬とあそばせるようにしむけたりします。いつもはおとなだけで乗るさかなとりの小舟に乗せてみたり、近くの藪《やぶ》の中にたきつけ用の小枝をとりに行くのにつれ出して、気分を転換させるようにします。

ヘヤー・インディアンのおとなたちは、「子どもがこんな状態になったとき、テントのまわりだけであそばせておいてもだめなんだ。散歩させなければ」といいます。

交易所にある丸木小屋。家の前にはかならず薪割り用の台がある。
(ヘヤーの子どもの描いた絵より)

犬ぞりが、冬の短かい日照時を利用して走っている。（ヘヤーの子どもの描いた絵より）

四、五歳の子どもたちならふだんは自分のねむいときにねむり、何か食べたくなったときに鍋の中から自分で肉や魚をとり出して食べ、テントのまわりで自由にあそぶ生活なのですが、こんな状態になった場合には、おとなが、こまかい配慮をして、キャンプ地のまわりの湖や河や林へと子どもを連れ出すのです。

生気のなくなった子どもも、二日、三日と散歩しているうちに、元気をとりもどし、食欲が出てきます。湖や河の水を舟の上から手にすくい、魚網にかかった魚を見つめ、林の中のウサギの足あとや鳥の声におどろき、子どもの心は、発見の喜びに満たされていくようにさえ思えます。

仲よしが急にいなくなる寂しさを、自然とつき合うことによっていやしながら、ついでに、狩猟採集民にとって不可欠の自然についての知識を学習するというわけです。もちろん、孤独にも強くなっていきます。子どものときからあそび仲間といかにして長期の群れを組むかという知恵を、身につける機会がほとんどないヘヤー・インディアンは、おとなになってからも、集団で何かするということが極端に下手です。狩りのチームも長くて十日ぐらいしか持続しません。獲物がとれたらチームは解散です。

9 「あそび」としての子育て

ヘヤー・インディアンは、「はたらく」ことと「あそぶ」ことと「やすむ」ことを、それぞれ区別しています。

「はたらく」というのは、ムースやカリブやウサギを狩猟したり、魚をとったり、たきぎを伐り出したり、毛皮をなめしたりすることです。「あそぶ」というのは、同じキャンプ地にテントを張っている人たちが、ひとつのテントに集まっておしゃべりをしたり、「ウッジ」というヘヤー式賭けごとをしたり、ポーカーをしたりすることです。そして「はたらいている」合間や「あそんでいる」合間に、彼らは「やすむ」のです。

狩猟に出かける道すがら、前を歩いている人が、急に立ち止まることがあります。

この地方の道は藪の中の一本道なので、何人かの人がいつも一列縦隊になって歩いているのですが、前の人が止まれば、こちらは前に進めません。でも「おい、どうした」とか、「止まらないでよ」などと後の人がいうことはありません。五秒間であれ、五分間であれ、前の人が再び進みはじめるまで、じっと待っていてあげます。

なぜなら、こうして一瞬立ち止まっている人は、「やすんでいる」からなのです。「やすんでいる」人は、彼自身の守護霊と交信しているのです。そして、守護霊の声、つまり彼自身の「内なる声」のようなものに耳をすましているのです。これは神聖な瞬間なのですから、その人の心の静寂に他の人がわりこんだりすることはできないのです。

長時間眠って夢をみているときも「やすんでいる」ときです。また目をあけて白昼夢を見ているときも「やすんでいる」ときです。それから、五秒とか三十秒くらいのほんの短い間、我を忘れてポーッとしているような人も、「やすんでいる」のです。しかも、いっしょに「はたらい」たり、「あそん」だりしている人たちが、「やすみ」の時間をいっせいにとることはありません。一人ひとりが、マイペースで「やすみ」をとるのです。

ポーカーのつきが上向きになっている人が、急にテントのすみに行って、だまってゴロリと横になることがあります。それでも負けている相手は文句をいいません。そして、まわりで勝負を眺めながら冗談をいっていた数人の見物衆の中の一人が、勝負に入って行きます。テントのすみで「やすんで」いた人は、自分の守護霊との交信が終わると、見物衆の中に入ってヤジをとばしはじめるのです。そしてヘヤー・インディアンの生活では「はたらく」こと、「あそぶ」こと、「やすむ」ことのうち、「やすむ」ことが、もっとも大切なこととされているのです。

さて、「育児」という活動を、ヘヤーの人びとは「はたらく」「あそぶ」「やすむ」の、どのカテゴリーに入れていると思われるでしょうか。なんと「あそぶ」ことの中に入っているのです。彼らは、「はたらく」ことと「あそぶ」ことを、生きていくうえで同等に重要不可欠な活動であると考えていますから、ヘヤー語には、そしてヘヤー・インディアンの心には、「あそび半分で何かをする」といったことは成り立ちえません。ともあれヘヤー族にとっても、「あそぶ」方が「はたらく」よりも楽しいことなのです。

毛布を折りたたんで作ったハンモックをゆすって、1歳の娘と楽しむ父親。父親もよく子どもの世話をする。

日本人は「子どもを育てるのは苦労だけれど楽しさもある」といってみたり、「あんなに苦労して育てたわが子なのに私から離れていって情けない」といってみたりします。そして「育児は大切な仕事だ」と考えているようです。近年では「育児は大変な負担だ」と感じている日本人も増えてきているとさえいわれています。日本人の中には、育児を「あそび」と考えるヘヤー・インディアンのことを「ひとでなし」と考える人があるかもしれません。しかし、ヘヤー・インディアンは、老若男女をとわず、ほんとうに楽しんで子どもを育てています。

これまでに書いてきましたように、ヘヤー・インディアンは、子どもを気軽に養子に出したり、養子をもらったりします。そして自分の子どもたちの手がかからなくなると、人の赤ん坊をもらって育てるのが楽しみとなる人が多いのです。そして、自分が産んだ子であれ、もらった子であれ、大きな差別をしません。しつけをする責任を養育者がもっていないということが、育児を「楽しみ」とのみ受け取りうる背景となっているのかもしれないと私は思います。「ひとがひとに忠告したり、命令したりすることはできない」と考えているヘヤー・インディアンは、赤ん坊に対してさえも、「一個の独立した人格」として接しています。しかもその子どもの運命や将来は、その子自身できりひらくものであって、育て方によってその子の将来が決まるのだといった考え方をしないのですから、気楽なものです。

しかし、ヘヤー・インディアンは、実に、一人ひとりの子どもをよく観察し、それぞれの子どものことをよく知っています。女だけが育児を担当しているのではありませんから、男たちも、そして、五、六歳の子どもたちも、赤ん坊や、自分より小さい者についてよく知っているのです。ですからあそばせ方もじょうずですし、危険を未然に防ぐことも心得ています。そのうえ、「あそんでやる」とか「子どもを危険から守ってやる」というふうにはあまり考えないのです。それよりも、「自分が子どもに楽しませてもらっている」という気持ちが強いようです。

一人ひとりの子どもをよく観察し、それぞれの子どもを知ることによって、その子のすることや、成長するありさまを眺める楽しさが深まっているのかもしれません。大きい者たちは、小さい者たちのすることを眺めては、いろいろな冗談を生みだすタネにしています。十五歳ぐらいで一人前になるのですが、それまでは何かと、おとなから見てオカシクテタマラナイことを、子どもはしでかすからです。

表現をかえるならば、ヘヤー・インディアンは子どもたちの生態を観察することによって、人間について学んでいるのだともいえそうです。日本人の親の中には、「自分の子は、こうあってほしい」という願いが強いあまりに、かえって自分の子どものありのままの姿が見えなくなっている人があるといわれます。そういう意味では、子どもたちをあるがままに見ることの達人、ヘヤー・インディアンに学ぶべきかもしれません。

それから、もうひとつ。かつてはヘヤーの人びとの間では、乳幼児の死亡率が高かったし、十代の育ち盛りの子どももよく死んでいました。子どもに自分を賭けたりしていたら、次つぎと子どもが死ぬために気が狂うかもしれません。「育児が楽しみ」という考え方は、育てた子に早死にされる悲しみを少しはやわらげる働きをもっているのかもしれません。

そのうえ、自分の産んだ子が全部、早く死んでしまったとしても、いつでも養子をもらえる保障があるということは、なんという救いでしょうか。

このように書いてくると、「ヘヤー・インディアンは子どもをおもちゃにしているのではないか」とお感じになる方があるかもしれません。子どもをおとなのおもちゃとして、もてあそびすぎないための歯止めとなっているのが、さきほどもちょっとふれた、子どもをおとなと対等の、独立の人格としてあつかう精神です。ですから、おとなは子どもに対して、ひじょうに謙虚であるのです。そして対等なのですから、子どもに対して、へつらうこともありません。

ヘヤーの人びとのこのような育児態度を表面的に観察した数人の白人旅行者や商人たちは、「ヘヤー・インディアンは、子どもを甘やかす。白人の文明で行われるしつけをしない下等な者どもだ」というふうに記録しているのですが、読者の皆さまはどうお感じになりますでしょうか。

10 「親にならない」という決断

一九七五年のある日、東京の喫茶店でアメリカ人の女性の心理学者、エリザベスさんとおはなしをしていたとき、彼女が不思議そうな顔をして、ふっともらしたことがあります。

「私の日本人の友人で、学者として自然科学系の研究にたずさわっている女の人がいますの。彼女は、一生、子どもは生まずに、研究に専念するのだといっていました。そのことは、夫とも相談した上で決めたのですって。七年ぶりに会ってみると、彼女の研究もずいぶんと進んできていました。そして彼女は、子どもを生まないという決心を貫いているようなんですよ」

こういった例は、私の日本人の友人の中で、専門職を職業として選んだ人たちの幾組かのご夫婦にもあることです。それから、家庭婦人となった友人の中にも、「自分たちは、親になるつもりはないので、二人の家庭を心豊かに築くような生活を送るのだ」と決めている人たちもあるくらいですので、エリザベスさんの言葉をききながら、なぜ彼女が不思議そうな顔をするのかと、とても興味深く思いました。

エリザベスさんは話をつづけ、

「アメリカの私のまわりにいる、職業をもって結婚している女の人たちの中にだって、家族計画をして、当面子どもを生まないことにしている人はいます。そういう人でも、『今、ちょっと待ってるところなのよ』といった表現で人に話をするくらいですし、『一生生まないことにする』といった決断は下せないと思うんです。ところが、さっきの日本人の友人の口からは、いともさりげなくその言葉が出てきて、不思議に思いましたの」ということでした。私が、

「ご当人に伺ってみないとわからないけど、その日本人の科学者だって、子どもを生まずに研究生活に専念するという決意をすることは、一生のうちにそう何回もないような大決断で、たいへんな思いをした上でのことかもしれないわ」といいますと、

「ええ、それはそうかもしれない。でもその大決断を下しさえすれば、あとは割り切

れて、心が整理されているように見えるのが不思議なのです」とエリザベスさん。

「ああ、『子どもを生まない』という決断をすること自体を、日本人はおそれていないように思われるということかしら」

「ええ、アメリカ人の私の目にはそんなふうに見えますの」

「あなたのまわりのアメリカ人を見ていると、『一生ぜったいに子どもを生まない』というような決心をさけるのは、つまり、そのことを最終的に自分で決めてしまうことをおそれる気持ちが、はたらいているように思われるのかしら。だから、『今のところは生まないつもりよ』というふうに当面の方針として限定する必要が生じるのかしら。場合によっては、その当面が長くつづいて、とうとう子どもを生まないというケースも出てくるのかしら」

「ええ、まあ、そんなふうに見えますねえ」

「キリスト教の伝統がそのことに関係しているのかもしれませんねえ。この問題は、とてもおもしろいから、もっと考えてみたいですね」と、最後に私がいって、私たちは喫茶店を出て、お互いに反対方向の電車にのってしまいました。

エリザベスさんのまわりにいるアメリカ人たちの生活では、当事者たちが家族計画を希望し、どうすればよいかについての具体的な知識があれば、実践するのが当然だということになってきたようです。しかし「一生、親にはならない」といった決心をすることは、神の領域を人間が冒瀆《ぼうとく》するのではないかといったおそれがあるために、とてもできないということなのかもしれないと、私はちょっと推察してみたわけです。そして、将来、この考えが正しいかどうかたしかめてみたいと思っています。

ひるがえって、日本のことを考えてみましょう。

心理学の依田明氏が『ひとりっ子』（光文社）という本を書いていらっしゃいます。この本は、親の都合で子どもは一人でたくさんということから、最近、ひとりっ子が増えている。そのひとりっ子はどんな「マイナス」を背負うのか。でも、どうしてもひとりっ子を持つことになった親は、どういう育て方をすればよいか、といったことが書いてあるものです。その一節に、

「子どものために、時間と労力を提供したくないならば、はじめから子どもを生まなければよい。一人でたくさんだと考える親は、むしろ、子どもをつくらない方が子どもに対して誠実なのである」

という文章があります。

はじめて、この文章を読んだとき、私は「ははあ、たしかにこういう考え方も成り立つなあ。それにしても親に対して、厳しいことばだなあ。依田先生から見てダメな親が増えているから、こういう手厳しい表現をなさっているのかしら」などと思いました。

その前に、私自身、ひとりっ子をもつ親であるために、少々コチンときたことも事実です。そして、やおら気分をとり直し、「ひとりっ子をどう育てるか」という章をくり返しむさぼり読んだことをおぼえています。

それはさておき、エリザベスさんの話をきいて家に帰った私は、再び、この「一人でたくさんだと考える親は、むしろ、子どもをつくらない方が子どもに対して誠実なのである」という文章を味わってみました。私の友人の中で、親とならない決心をしている人たちには、たしかに、このようなことを考えて親にならないことにした人もいるようです。

そして、彼らは「子どもに対する誠実さ」ということを重要視しています。しかし、ここには「神に対する誠実さ」という問題が出てきません。ある意味では「子どもに

この両親の場合も、いつも父親が8か月の子どもの世話をして楽しんでいる。

対する誠実をつくすことが超自然への誠実に通じ、人の道にかなうものだ」という考え方さえあるように思われます。

けれども、アメリカ人がこの文章を読むとき、日本人のうけとり方とはちがった何か割り切れないものを感じるかもしれません。つまり、彼らにとって、「子どもに対する誠実」と「神に対する誠実」とは別のものであって、「神に対する誠実」の方が、ここでは優先するのではないかと思われるからです。エリザベスさんとの会話から想像できるのは、アメリカ人にとって「ひとりっ子にしたくないから、親となるのはやめる」といった一生の決断は、とても大それたことで、人間としておそれをともなうものだろう」ということです。

「親にならない」という決断とか、「一時的に子どもを生まない」という決断を人類がするようになったのは、避妊の思想が普及し、技術が開発されたごく最近の現象です。しかも、家族計画についての思想がスムーズに短い年月のうちに受け入れられた日本や台湾などは、世界でも珍しい例で、キリスト教国においては長年の神学上の論争を経て、教会がそれをうけ入れるようになったわけです。イスラム教国では、人間の生来の欲望にブレーキをかけることは神への冒瀆と考えられ、「親となるかならぬか」はまったくアラーの御手によって決まることであると考える人がほとんどでしょう。

一九六一〜六三年に私がヘヤー・インディアンを訪れていたころには、まだ家族計画についての思想や技術は白人の看護婦さんから導入されていませんでした。これは、ヘヤー・インディアンのところにはカトリック教会の宣教が行われていたことも関係していたのでしょう。

子どもを生んだか生まなかったかということを超越して、気軽に養子をやりとりするヘヤー族の社会では、家族計画の思想や技術が導入されたとしても、「親となるか、ならないか」といったような決断は、人生に関係ない事項であるといえましょう。

11 自然の中で作るおもちゃ

ヘヤー・インディアンの四歳の子どもが、斧《おの》をじょうずにつかうことをこの本のはじめに書きましたが、六歳ぐらいになると、ナイフやキリなど、いくつかの道具をつかって木片に細工を加え、おもちゃを作ったりするようになります。女の子は五歳ぐらいから、大きな針でいろいろなものを縫い合わせ、六歳の子の中には、はぎれをはさみで裁断して人形のアッパッパや布ぐつなどを縫う子もでてきます。

白人が入ってくる前、赤ん坊は、うさぎの大腿骨やムースの指の骨などをおしゃぶりにし、白樺の皮の胴に獣皮を張って、中にかたい木の実や小石を入れたガラガラをおもちゃにしていました。そのほか、木の葉や雪などもおもちゃになったのです。少し大きくなった子どもたちには、男のおとなが、白樺の皮のカヌーの模型や、弓矢の小型のもの、小さなそりなどを作ってやりました。女のおとなは、人形や道具入れの皮袋や、テントの模型を作ってやりました。そして、五、六歳の子どもたちは、おとなが生活に用いる品々の模型を自分たちの手で作り、ときにはじっさいに、自分で作ったわなでウサギを狩ったりしていたのです。

同じ極北に住む狩猟民でも、エスキモーは、お面や、石彫などのすばらしい〝美術品〟を製作し、鑑賞もするのですが、ヘヤー・インディアンの文化には、いわゆる民族美術という名に相当するようなものを作り出す伝統はありません。三日とか二～三週間で移動する生活、しかも、食物を追い求めるのにあまりにも心が奪われている生活のためかもしれません。

しかし、ヘヤーとて〝美しさ〟を表現する場を、まったくもたないわけではないのです。それは一本の木の枝にわなを五十本ほど巻きつけて運ぶ際の、その巻きつけ方とか、魚の網を作るための糸を、網針《あばり》（shuttle）に巻くときの巻き方などにあらわれます。そこに巻かれた糸が綾なすもようは、日本の糸まりの文様にも似た奥行きがあります。そして、大は手作りのカヌーの姿から、小は、網針の削り方にいたるまで〝良い仕事〟と〝悪い仕事〟の区別は厳しく、だれかが何かを作ると、まわりの人間すべてが批評家となり、冗談の中に皮肉をまじえて酷評したり、からかい半分に称賛したりします。彼らは、直接にあからさまにほめたりくさしたりしない人びとで、ひねりにひねった表現で心をあらわすのです。

五、六歳の子どもたちの間でも、〝良い仕事〟をしようという気持ちがたいへん強く、おとなやまわりの子どもたちの批評にもとても敏感です。キャンプ地に近いところで見つかる木の枝や、すでに薪にするために切ってある木片などの中から適当な材料をさがしてきて、口をとがらしながら木を削る子どもの顔は真剣そのものです。失敗すれば、いくらでもやりなおしがききます。あらためて材料をさがし、はじめから

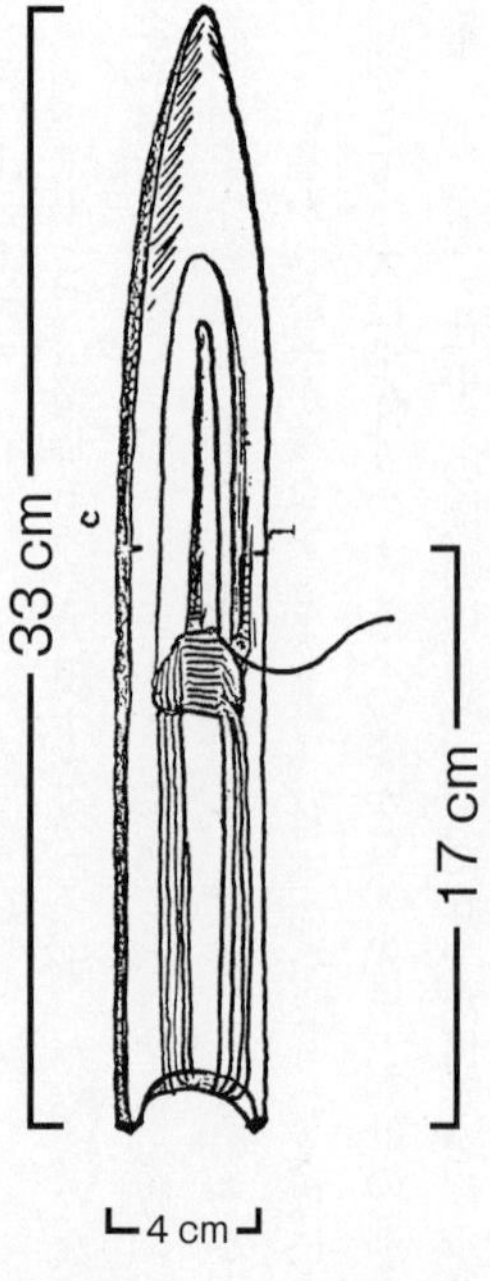

魚網を作ったり修繕したりする糸を巻くのと同時に、編針の役割もはたす網針。糸の文様が美しく面白い。

作りなおせば良いのです。失敗作となった木片や、そのときに出た木の屑《くず》は、ストーブのたきつけ用にかきあつめて、テントの中のたきつけおき場に運んでおけば、それで一つの役に立ったことにもなります。

闊葉樹の葉をくるっと巻くと笛になります。えぞ松の樹脂のみずみずしいところはチューインガムになったり、接着剤になったりします。

私が小さいころもっていた『キンダーブック』（フレーベル館）に「おもちゃは野にも山にも」という号があって、草笛や、笹舟、とうもろこしの皮のあねさま人形などが紹介されていました。「自然の中や、身のまわりにいくらでもおもちゃになるもの

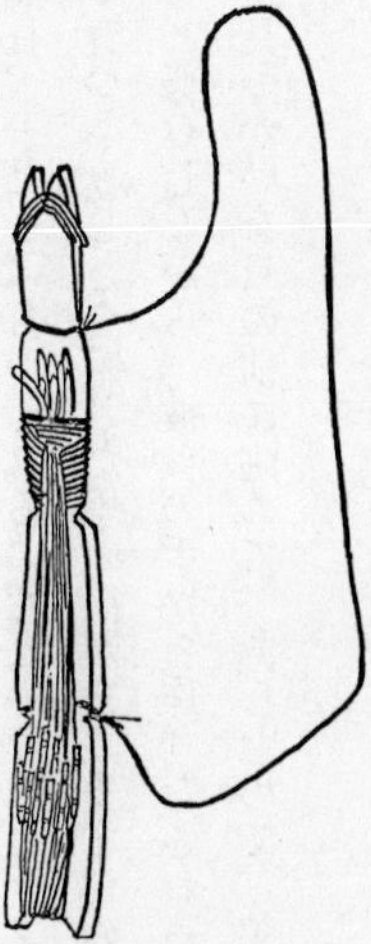

ウサギとりのワナは、麻紐に割り箸を5cmくらいに切った木片をとりつけて作る。それを、図のような糸巻きに巻いて、林の中を持ち歩く。ワンタッチでとりはずせる便利さと、巻かれた糸のおりなす文様の見事さ。

があるし、子どもにもつくれるのだということナノダナ」と子ども心に了解しつつも、都会で育つさみしさを感じた思い出があります。のちにヘヤー・インディアンの子どもたちと暮らしながら、彼らの手から作りだされるものの見事さと、彼らの自信に満ちた道具つかいを目の前に眺めて、あらためて、羨望と尊敬の念がわいてきたものでした。

弓矢やカヌーのおもちゃは、いくらおもちゃだといっても、じょうずにできなければちゃんと飛ばないし、沈んでしまいます。削り方がなめらかでないと、何かとからかわれます。ですから、子どもたちは、自分で納得のいく作品ができるまで、あきもせず、こりもせずに、何回もやり直しをしています。このやり直しがきくという「ぜいたく」を、そして「ほんもの」を作る、という「ぜいたく」をヘヤーの子どもたちは、十二分に味わっているのです。

しかし、ヘヤーの子どもの世界にも、キューピーさんや、工場製の縫いぐるみや、プラスチックの電話のおもちゃなど、お店でおかねを出して買える品物も入ってきました。一九六一〜六三年当時、一年七か月のある男の子は、一人で縫いぐるみや、ゴ

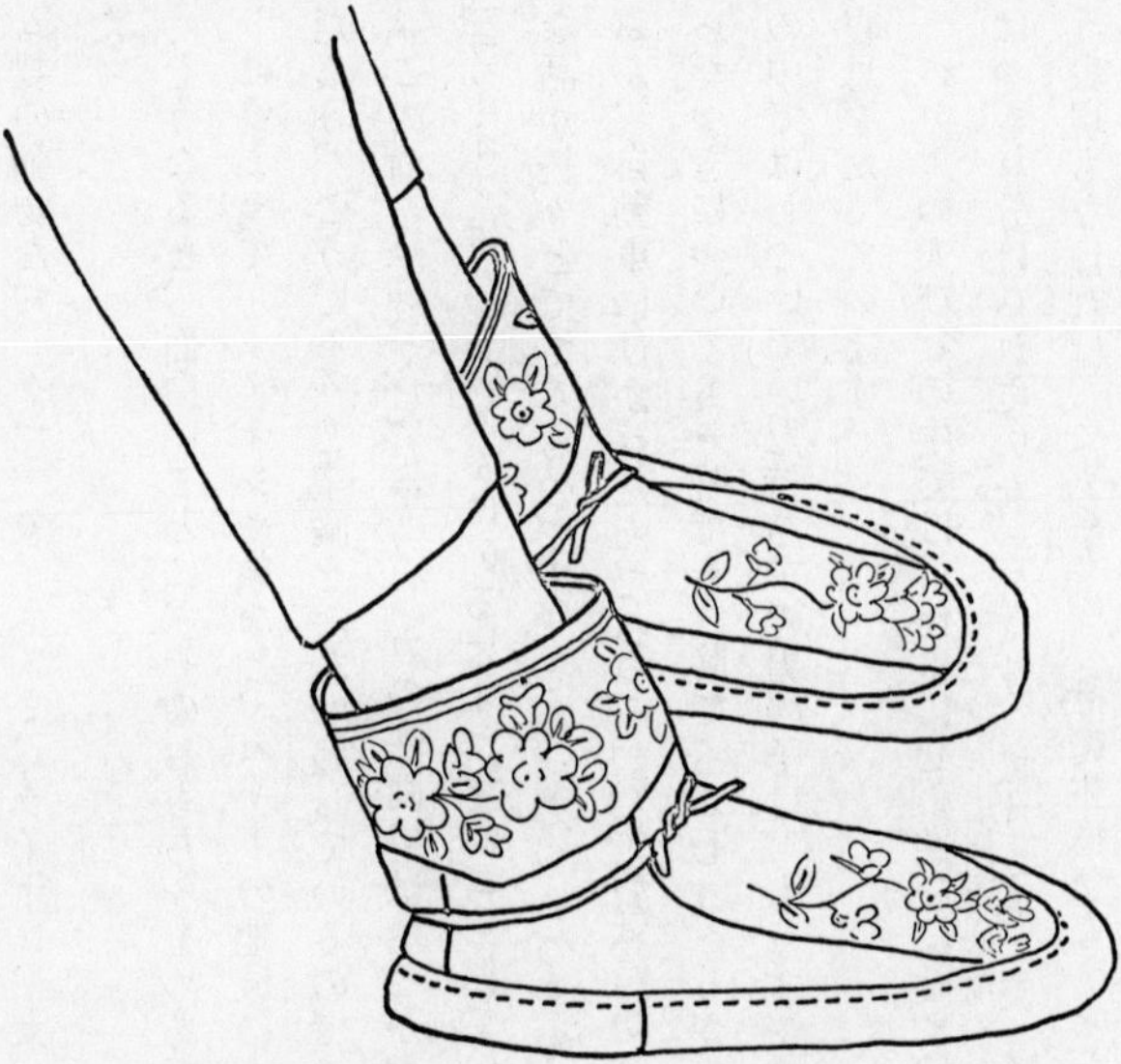

刺繡のある手作りのマクラック（防寒ぐつ）。底部がムースの皮で、上部はフェルト状の純毛でできている。

ム製の動物たち、クマ、象、ネズミ、ライオン、犬、猫など、十二匹も持っていました。

そうなると、面白いことに、そのおもちゃをめあてに男のおとなたちが、そのテントに集まって、ライオンや象など、ヘヤーの地域にいない動物の習性について、ああだろう、こうだろうと議論をたたかわしているのです。

「この前、学校で見たアフリカの映画では」とか、「神父さまの話では……」とか「ライオンは、このへんにいるオオヤマネコと似ているのではないか」といったような話が続々とでてくるのです。そのうえ「この犬の作り方は後ろ足がおかしい」「たぶん、自動車にひかれたんだろう」「いや病気にかかったんだ」などと一匹一匹のからだつきについても一晩でも二晩でもおしゃべりが続きます。はじめのうち、おとなの中ではしゃいでいた持ち主の男の子は、もうすやすやとスリーピングバッグの中で寝息をたてています。

ヘヤーの人びとの中では、仕事にせよ遊びにせよ、おとなの世界と子どもの世界がはっきり分けられていないのです。ですから、「こんな子どもだましみたいな」という表現もなければ、「子どものくせに生意気な」ということもありません。おとなになれば、男はムースがちゃんと射とめられ、女は皮なめしがじょうずにできるのですが、人格としては、おとなも子どもも一人ひとりが独立した対等な人格を備えていると考えられています。

そういうふんいきの中で、子どもたちは誇りをもって、カヌーの模型を作り、ムースの皮を縫い合わせる「仕事」をしているわけなのです。

最近、吉野せいさんの『洟《はな》をたらした神』(弥生書房)という文章を読みました。阿武隈山系の開拓地で昭和五年のころ、六歳だったノボル君は、青洟をたらしながら、小刀、ナタ、ノコギリ、キリなどをじょうずにつかいわけ、いつも根気よく竹とんぼや、こまなどを作っていたそうです。苦しい開拓生活の中で、玩具というものを買ってもらったことのない日々でしたが、ノボル君は親にものをねだったりすることもありませんでした。その彼が、子どもたちの間で流行しはじめたヨーヨーが欲しくなり、ある日二銭のおかねをねだったのです。

母である、吉野せいさんは、いじらしいと思いながらも、家計を考え、静かに、来年学校に上がるときにはいろいろ買ってあげるからといい聞かせました。まぶたをしばたたきながら、黙ってカボチャを食べ終わったノボル君は、すっと外へ出て行きました。

その夜、つりランプの下に集まった親子の間に、歓声がわき、苦しい開拓生活の中に、オアシスのような一瞬がおとずれたのです。ヨーヨーができ上がったからです。ノボル君は、松の木の古い傷口が癒着して、樹皮が上下から木質をまるく包みこんだ、かっこうの材料をみつけてきました。そしてその癒着でくびれているところに深く溝を彫って、ヨーヨーの中央の糸をからませる部分にしていました。

「せまい小屋のなかから、満月の青く輝く戸外にとび出したノボルは、得意気に右手を次第に大きく反動させて、どうやらびゅんびゅんと、光りの中で球は上下をしはじめた。それは軽妙な奇術まがいの遊びというより、厳粛な精魂のおそろしいおどりであった」

という吉野さんの言葉にふれたとき、ヘヤー・インディアンの六歳の子どもたちの姿とノボル君のイメージが、私の心の中で重なって、深く激しく感動しました。

12　きびしい自然の中の子育て

ヘヤー・インディアンの住んでいるカナダの極北部では、毎年平均して九月一日に初霜が降り、九月中旬に初雪が降ります。そして十月中旬から五月初旬にかけて、気温が零下二〇度より暖かくなることがほとんどなく、いちばん寒い一月と二月には、零下三五〜四〇度というのがふつうで、最低気温は零下五〇度にもなります。そのうえ、強い風が吹きまくるので、その寒さは言葉ではいいつくせません。しかも、ヘヤー・インディアンはテント生活です。前にも書いたように、キャンプのまわりの獣や魚や薪をある程度とってしまうと、テントをたたんで、次のキャンプ地へと徒歩と犬ぞりで移動するのです。

こういう生活の中でも、赤ちゃんは生まれ、育っていきます。ただし、ちょっとでも弱い赤ちゃんは、寒さや、移動による疲れなどのために死んで行き、もともと強い子どもだけが生き残るということになります。

一九四八年以来、カナダ政府は、保健婦・助産婦の資格を持っている看護婦さんを一人、フォート・グッド・ホープというヘヤーの交易所に常駐させるようになりました。そのため、一九五三年ごろからは、ほとんどの女性が、キャンプ地でお産をすることをやめ、暖房のきいた救護所で、出産するようになりました。出産予定日が近づくと、妊婦たちはキャンプ地をはなれて、フォート・グッド・ホープにやってきます。そして陣痛がはじまると、救護所に走り込み、まず入浴してから分娩台に上ります。ふだんお風呂などにはまったく入らない人たちですから、それはそれはたくさんのアカを落とさなければなりません。たいていは、楽にお産が進むので、正午ごろ陣痛がはじまり、夜中の二時に生まれたりすると、それは難産の部類に入ってしまいます。また、とても難しいお産で、看護婦さんの手に負えないような場合には、北極海沿岸にあるイヌーヴィクという町の総合病院に無電を打ち、小型飛行機で迎えに来てもらって、産婦を移送します。

このような処置が講じられるようになってきましたし、産後二日ないし一週間は母子ともに救護所に入院するので、新生児の死亡率が、革命的に減ってきました。そのほか、妊婦と授乳中の産婦には政府から栄養剤が支給され、生後三か月ぐらいは赤ちゃんに粉ミルクも配られます。以前は、ときおりおとずれる食糧難の時期に、飢えのため弱っていく母親や、死んでしまう赤ちゃんが多かったのに、それも、大きく変化しました。

一九六二年に、私がヘヤー・インディアンの調査をしていたとき、表1（一〇五頁）のような統計をつくることができました。これをご覧いただくと、看護婦さんが常駐することになった影響が、いかに大きいことなのかお分かりいただけると思います。

その当時、二十歳から四十歳までの年齢に当たっていた人たちの、幼少期から青年期にかけて、ヘヤー・インディアンの間では、結核が荒れくるわんばかりに流行していました。結核は、十九世紀に白人がヘヤーの世界に持ちこんだ病気です。結核のほかに、性病、猩紅熱《しようこう》、チフス、赤痢など、以前にはなかったのに、白人が持ちこんできた病気がいろいろあります。中でも結核がもっとも根深くヘヤー族の身体をむしばんだのでした。

　そして、一九二〇年代から四〇年代にかけて、病気がヘヤー・インディアンの間に累積されるような形になって行きました。一九四八年に看護婦さんが派遣されず、そのまま放置されていたら、ヘヤー・インディアンという民族は、病気のために全滅していたかもしれません。このような事実をもとに推測すると、白人との接触以前の生存率は、三十代で男が五分の一、女が三分の一といったようなひどいものではなく、三十代で約二分の一ぐらいだったのではないかと思われます。白人と接触しなければ、そんなに大変な病気にさらされることもなかったわけですから。

　ちなみに、生存率に関する、このような歴史的な変化は、とくにヘヤー・インディアンだけに見られる現象ではなく、多くの「未開民族」といわれる人たちがたどった人口の歴史と共通しているものです。民族によっては、一九〇〇年代の初頭に、伝染病のために全滅したものもありました。しかし、第二次大戦後に世界の多くの地域に、なんらかの形で西欧流の医療が届くようになり、栄養のバランスも考慮されるようになってきました。そして、各地に共通して、乳幼児の死亡率が急激に減少してきているのです。

表１　ヘヤー・インディアンの生存率　　1962年現在　筆者調べ

出生年（年齢）	記録にある出生者の数（人）		62年現在の生存者数（人）		生存率（%）	
	男	女	男	女	男	女
1953〜62年（0歳〜9歳）	57	62	50	54	88	87
1943〜52年（10歳〜19歳）	65	63	43	39	66	62
1933〜42年（20歳〜29歳）	87	69	41	29	47	42
1923〜32年（30歳〜39歳）	77	77	16	24	21	31
1922年以前	生存者に関する記録の信頼度が低いため省略					

表２　日本人の生存率
1960年現在　国勢調査

年齢	生存率（%）	
	男	女
10歳	95	96
20歳	94	95
30歳	92	94
40歳	90	92

ところで、日本の状況とくらべると（表2）、栄養や、衛生状態や、医療の条件が格段の差のあるヘヤー・インディアンですので、四十年前に生まれた人の約九割が生き残っているというような、日本の一九六〇年当時の状態とはひじょうにかけはなれているわけです。それに、いくら医療や栄養剤や粉ミルクがあっても、極北の地の寒さは、そう変化していません。

ヘヤー・インディアンの子育ては、そういった意味で、いぜんとして厳しいものなのです。それに、キャンプでお産がはじまってしまい、看護婦さんの手を借りずに、キャンプの女たちが集まって、助けることもよくあります。たまには、キャンプ移動の途中で、ほかに女がいないため、夫や子どもたちがすべてを手伝うことになります。難産になると、シャーマンにおまじないをたのみ、同時に、近親の者がカトリック教のロザリオをまさぐって無事を祈ります。これらのお祈りやおまじないは、救護所でお産をするときにも行われます。看護婦さんは、みんなに、産後一週間は休養するようにと指導していますが、キャンプで出産した女性は、たいていその翌日から木を切ったり、水を汲んだりの肉体労働をはじめます。

冬のあいだ、小さな子どもの手足と頭を暖かくおおうように、おとなたちは気をつけてやる。胴は比較的身軽に、身体を曲げたり、まわしたりしやすくしておく。キャンプに子どもがいなくなって、ひとりぼっちのルーシーは、雪と氷と風と１匹の仔犬を友だちにして遊ぶのだ。

救護所からもらった粉ミルクが、キャンプにいて切れてしまい、母乳の出もよくないといった場合には、魚のスープをうすめてのませ、生後三か月ぐらいの子どもには、ウサギの脳をつぶして与えます。おむつは、豊富にはえている苔を夏の間にあつめて干しておき、圧縮して持ち歩きます。そして使い捨てにするのです。冬の間に貯えがなくなると、凍土を割って苔をとり、ストーブのそばでとかしてから乾かします。若いおかあさんの中には、布のおむつを十枚ほど持っていて、苔と併用している人もいます。生後半年ぐらいから、かかえて排尿・排便をさせる人が多いのですが、生後二か月で始める人もいます。

ヘヤー・インディアンはほとんど入浴せず、十日に一回ぐらい身体をふく程度ですが、赤ん坊は一日おきか二日おきにお湯でふいてもらっています。お尻と手足と顔は、一日二〜三回ふいてもらえます。

夜、テントの中で寝るときは、おかあさんの寝袋の中に入れてもらって温まりますが、冬のお昼寝のときは、寝袋を二重にしてもらいます。テントの外に赤ん坊や五歳以下の子どもを出すときは、とくに頭を冷やさないように、バスタオルや毛皮を分厚く巻きつけます。そして手足が冷えないように気をつかいます。

こういうおとなの注意のもとに厳しい冬を生き抜いた子どもは、たくましく大きくなっていくのです。

そしてヘヤー・インディアンのおとなたちは、これらの子どもの世話を「ああ大変なことだ」とは思っていません。また「おそるおそる子どもを育てる」といった様子も示しません。淡々と楽しげに子どもと暮らしているのです。

13 〝自然みしり〟をする

五月の終わりのことです。高知県の室戸地方では、ビワがおいしくみのり、キイチゴのしおれた枝の先の方には、三つ四つと、これも黄色くなった実が、ほんのりと渋く甘い味わいをただよわせていました。ほとんど毎日、雨が降っていましたが、そのちょっとした晴れ間に照りつける太陽は、都会の日光の一日分にもあたるかと思われるくらい強烈です。山の小径に入ると、緑のむせるようなにおいが、むんむんと迫ってきます。

二歳八か月になる息子をつれていた私は、こんな晴れ間に、やぶの中を散歩させてやりたいと思い、舗装道路から、山の小径へと曲がってみました。土はもちろんしめっていますが、水たまりもなく、ぬかってはいません。葉の上の露も、もうほとんど消えています。「この分なら、一時間近く歩かせられるかな、それなら、どっちをまわってみようかしら」などと考えながら、空を見上げていると、息子が、「ママ、これどけて」といい出しました。小径をよこぎって、勢いよくはいのびている一本の草のつるの手前で、立ち往生しているのです。

「こうしてまたぎなさい」と、またいで見せました。

「ハッパ、かわいそう」

「だいじょうぶよ、ハッパは強いんだから、さ、ポンとまたいでごらん」

息子は思い切りひざを上げ、なかばとぶように、草をまたぐと、クルッとふりかえって腰をかがめ、

「ハッパ、ごめんね」というのです。親ばかに、ニコッとなった私の心に、次の瞬間、奇妙ないらだちが起こってきました。「やさしくて、可愛いな」と喜んでいられなくなったのです。

一メートルおき、七十センチおきに、このつる草は、ゆくての小径をわがもの顔に横切っています。二つ、三つ、気をつけながらまたいでは、「ごめんね」をくり返していた息子は、四つ目に、とうとうその葉をふんでしまいました。緑濃くつぶれてしまったその葉を見て、ほんとうに自分は悪いことをしたのだと思ったのか、ギクリと

身じろぎをしました。そして、「ママ、帰ろうよ」といいながら、右を見ても左を見ても、道はつる草だらけなのに気づいて、どうしていいかわからないといったようすになり、「ダッコー」と両手をあげています。

一時間ほど、茂みの下を、ジャングルくぐりみたいに歩かせてみようと、胸をふくらませていた母親は、がっかりしました。そして、今日の散歩は、短く切りあげることにしました。でも、こちらにも意地があるので、十メートルほどあともどりして、もとの舗装道路に出る気にはなれません。前進して、なるべく早く山の小径を出ることにしようと思いました。ふと、私の手にクモの巣がふれました。前方を見ると、道の上も横もクモの巣だらけです。

「あっ、クモの巣だ。クモがいるわよ」

と、息子の目の高さにあるのを指さしてみましたが、相手はキョトンとしています。生まれてはじめて出会うクモの巣なのでしょうか。

「テレビの『みつばちマーヤの冒険』にあったでしょう」。「みつばちマーヤ」に出てくるクモを見て「クモだ」と興奮していた彼は、

「クモ?」と、やおら興味を示しはじめました。でも、「みつばちマーヤ」の放映は

その年の三月末で終わっています。

あのクモの画面をどれだけおぼえているのでしょうか。「クモオトコのクモよ」と彼が見ているテレビ番組の敵役のことを持ち出すと、「ああ、クモ」と積極的にのり出してきました。その悪役の胸にはクモが描かれているのです。

「そう、クモよ。あら、ここにもクモの巣がある。クモはどこかなあ」

「いたよ。ママ、ここだ。クモ」と巣のはじっこを動いているのを見つけました。それから先は、次々と、クモの巣を見つけ、「クモ、いなあい。おでかけだ」とか、「いたいた」とかいいながら、五十センチ、一メートルと前進して、さきほどのつる草のことも忘れたようすでした。そのうち、トンボを見つけたり、セミの声をきいたりしているうちに、三十分ぐらいたってしまったでしょうか。舗装道路に出てきました。歩いた小径は、百メートルもあったかなかったかです。

舗装道路に出るや、息子は、水に帰った魚のように、勢いよく走り出しました。そして「ママ、早くおいでよ」と、先の方でよびかけるのです。

私どもは、東京の市街地の、交通のはげしい道路に面したビルに住んでいます。息子がよちよち歩きのころから、一か月に一回か二回、小さな林ややぶの中を歩かせていました。わりに大胆に、茂みをかきわけて前進する子です。今年の五月の連休にも、やぶの中を元気よく動きまわったばかりなのです。今回のようにしりごみしたり、こちらがクモの巣でわざわざ興味をひくようなことをしたのは初めての体験でした。今まで、〝自然みしり〟をしなかった子が、〝自然みしり〟をはじめたのでしょうか。

この春に、自宅の植木鉢のポインセチアの芽ばえや、ゼラニウムの花を、息子が摘もうとしたとき、「いけません！　はっぱがかわいそうよ」と何度かしかったことがあります。保育園への通園の途中、舗装道路をつきやぶって、元気な花を咲かせているタンポポをふまないようにといいながら、そのかたわらにしゃがみ込んで眺めていたこともよくありました。ブロック塀の上から道路の方へ生え出ている、ショカッサイの落ちた花びらを大事にひろって、持って帰ったりもしました。緑に飢えた母親は、そんなことをして、自分の心を慰めていたのでしょう。

そうしているうちに、息子の方では生きている草花はとってはならないもの、ふんではいけないものと思い込んでしまったのでしょうか。

しかも、四月や五月のはじめの東京の茂みは、まだすかすかとすいていて、入りやすかったのに、五月の終わりの室戸の丘は、もえるような緑のいきれにみちていて、彼にとっては茂りすぎていたのかもしれません。ちょうどおとなの私が熱帯のジャングルを前にしたとき、高い塀が立ちはだかっているがごとく感じたように。

水をこわがる子どもに水泳を教えるとき、どんなふうにして、水をおそれないよう、水に親しむようにしむけていけばいいのでしょうか。〝自然みしり〟をはじめた子どもには、徐々に、自然の中で興味を覚えるものを見つけさせて、気長に鍛えるしかないのだろうかなと考えさせられます。

もともと、日本の自然に恵まれた地方では、四、五歳ぐらいの子どもは、小学生のお兄さんお姉さんのあとをついてまわって、ツバキの花の首飾りをつくったり、小鳥を生け捕りにする仕掛けのつくり方を見覚えたりしはじめていました。そして、何歳かの年齢の幅のある遊び仲間のあいだで、いろいろな役割の分担ができ、年少者は、ときには仲間はずれにされ、ときには下働きをさせられながら、まわりの自然とのつきあい方を身につけていっていたのです。毒ヘビとそうでないヘビをどうして見分けるのか、毒ヘビに出会ったらどのように身を守るのかといったことや、ちょっとしたけがに対する応急処置なども、当然のこととして知るようになっていたのです。

ところが、最近、私が調査をしてみると、いわゆる自然に恵まれた地方に住んでいる子どもたちの中にも、まわりの野山でどう遊んでいいかを知らない、そして、小刀を使って細工をすることのできない子どもたちが、ふえていることがわかりました。それは、放課後、時間も忘れて野山や海を動きまわる学童の遊び仲間がなくなったことをも物語ります。しかし親たちは、放っておけば子どもはこの恵まれた自然の中で、当然いろいろなことを体験し、知恵を身につけているだろうと思い込んでいるのです。だから「勉強しているか」ということにのみ、注意を払うことになるのでしょう。

お手伝いをさせる以外は、子どもの生活におとなが干渉しないというのが、日本の伝統でした。なかでも、子どもの自然とのつき合い方に干渉する私のような親が出現してきたのは、現代都市生活者に、二世、三世が生まれるようになってからのことです。

『日本伝承の手づくりの遊び』や『日本伝承の草花の遊び』(創元社)の著者の一人である藤本浩之輔氏によると、一九五五～六〇年ごろから、四、五年の年齢の幅のある遊び仲間が全国的に消滅してきたようだといわれます。それと同時に、野山での遊び方の伝承が途絶えるはめに陥っているということです。

こうなると、親が子どもの自然とのふれあいに意識的に干渉したり、学校生活の中でも、この問題が積極的にとりあげられるといった方向に、日本の社会はむかわざるを得ないのでしょうか。

14 「子どもぎらい」の文化

日本人で私たちのまわりにいる人びとを一人ひとり思いうかべてみると、子ども好きの人と、子どもぎらいな人があります。子ども好きの人の中にも、「新生児より一、二歳のよちよち歩きとカタコトの時期の子どもが好ましい」という人や、「いや、ものがしゃべれて、小学校に入る前が良い」とか、「小学校高学年から中学生のときは、とかくおとなと別の仲間だけの世界を作りたがるけれど、その時期の子どもと話し合うのが、何より興味深い」などという具合に、いろいろです。一口に「子ども好き」といっても、「どんな子どもが好きか」という点では、さまざまだということになります。

また、近年では、「自分は子どもはきらいだから、親にはならないつもりです」と、はっきりという人も出てきました。しかし、日本人がいったん子どもをもつと、「だれにとっても、子どもは同じようにかわいいものだろう」と思い込んでしまうことが多いようです。そのため「この時期の子どもは苦手だ」という人や、「子どもはきらいだ」という人が、電車の中や人の集まる場所で迷惑しているという現実があります。でも、日本人全体をまとめて眺めてみると、やはり「日本人は、だいたい子ども好き」といえるかもしれません。

「子捨て事件」とか「子殺し事件」とか、「幼児をアパートの柱にしばりつけて、水だけのめるようにしておき、母親は二晩も三晩も遊び歩いていた」といった事件が、新聞や週刊誌の話題になったことがあります。そうしたことが話題になるとき「なんと非人間的な行いなのだろうか」ということが問題の中心にあるようです。それは、日本人は一般に、「子どもはかわいいのが当然だ」と思い、「子どもは愛情の中で育てられるべきだ」と思っているからです。

そして「子どもはだれが自分をかわいく思ってくれているか、直感的にわかるものだ」とも思っています。そのうえ、こういったことは、何も人間に限らず、猫や犬や小鳥でも、親猫、親犬、親鳥の〝愛情〟の中で育つのだといわれています。猫や犬が人間と接するとき、「この人は猫好きか」「この人は犬好きか」とすぐ察知します。

子どもが育つうえに愛情が必要だということは、犬猫にもあてはまることであり、「ましていわんや人間においては当然」というのが日本人一般の生活感情であるようです。

すでに読者の皆さまにおなじみになっているであろうヘヤー・インディアンも、インドネシアの首都ジャカルタに住むイスラム教徒、ジャカルタ・アスリも、「子どもはかわいい」と思っています。その「かわいい子ども」をどう扱うかについて、さまざまなやり方があるのだということを、これまで具体的にお話してきました。人類学者たちは、世界各地の、さまざまな民族の間で調査をしているのですが、その研究のほとんどが、「子どもは愛情をもって育てられる」と報告しています。

ところが、一九三一年に、マーガレット・ミードというアメリカの人類学者が、ニューギニアのムンドグモル族を調査したとき、その社会が「子どもをきらう文化」であることを発見しました。そこでは、「子どもは邪魔者」として育てられているのです。そして女は息子をほしがり、男は娘をほしがるといった傾向がありました。女の子が二人つづけて生まれたりすると、母親は赤ん坊を木の皮のいれものに入れて川の中に捨てる。別の人が、それを拾って容器をあけてみて、男の子か女の子かをしらべたうえ、ほしければつれて帰るけれど、ほしくなければ、ふたたび川に戻すといったことをしていました。

一族の繁栄ということを大切にするムンドグモルの男は、息子にお嫁さんをとるためには、相手方に自分の娘をやって交換した方が有利なので娘を欲しがり、女は、娘といえども男を奪い合う相手になるので、娘をいやがるのだそうです。しかし、娘を育てることによって夫の愛をつなぎとめることもできるので、そのとりひきの手段として、娘を育てているようなものなのだそうです。

しかし、捨てずに育て始めた子どもが死ぬと、村中が大さわぎになります。だから、母親は子どもが病気にならないよう、水におぼれないようつきっきりで見張らなければなりません。そのときの彼女の気持ちは「好きな男と遊び歩くこともできず、やりたいことをさせなくしている憎い子どもの奴め」といったものなのだそうです。

とにもかくにも、ムンドグモル族は、いったん育てはじめた子どもの安全をはかり、その死をいたむという仕組みを文化全体の中にはめこんでいますが、もっとひどい例が最近報告されました。一九六四年から二年間、ウガンダの北方で、ケニアとスーダンの国境地帯のモンゴレル山地に住むイク族の調査をしたコリン・ターンブルの報告です。

イク族は、本来、キデポ渓谷をねじろに狩猟と農耕を細々とやっていた民族だったらしいのですが、一九六二年ウガンダ政府の政策によって、キデポ渓谷が国立公園に指定され、その地域での狩猟と採集が禁止されたため、モンゴレル山地に追い込まれたのです。しかし、そのやせた土地には旱魃《かんばつ》が続き農耕だけでは暮らせないため、たえず家畜をめぐって争っている周辺の牧畜民のスパイをしたり、武器を密造して牧畜民に提供することや、密猟などから、わずかな肉や乳を得て生きるようになりました。そして、全員が飢えていました。

子どもが三歳になると、もう親は食物を運んで来てはくれず、自分でさがし求めなければなりません。夫も妻もそれぞれ、自分で自分の食べ物をさがしに出かけ、見つけた場所で大急ぎで食べてしまいます。たまに動物を射とめても、それを焼いたりすると煙がたちのぼって、ほかの人たちが集まってくるからと、生のままかじります。病人や子どもは、土や小石をのみこんで飢えをいやすことさえあります。病人や動けない老人は世話をしてもらえず、じっと死を待つことになります。人の世話をしていると、自分の食べ物を探す時間がなくなるからです。死者が出ると、居合わせた者はその持ち物をひったくり、遺骸は、こっそりと家の床や庭に埋めるか、深い崖下につきおとすのだそうです。会葬者にごちそうをふるまうことができないので、お葬式はしないのだそうです。

女の子は八歳にもなると、近所の部族の男たちに性を売ることで食物にありつけるのだと知りますが、十八歳ではふけ込んでしまって魅力を失います。二十歳をすぎた男女は、性への興味よりも、重要な食への関心でエネルギーを使い果たします。こうなると、赤ん坊が生まれても、だれもよろこびません。また母親が赤ん坊を放ったらかして飢え死にさせても、だれも母親をとがめません。

逆に、親が子を養い、病人やケガ人の手当てをすると、それは「変なやつ」として笑い者になるのです。子どもも、もはや、親の愛情を求めたりしなくなります。

四十歳の「老人」の中には、以前、狩猟をさかんにやっていた時代に、皆がやさしく助け合い、食べ物をわかちあい、葬式に人が集まって嘆き、ごちそうをともに味わったことをおぼえていて、それをふっと思い出し、苦悶の中に死んだ人もありました。

しかし、すべての人が、生きる手段として〝人間不信〟を身につけ、他人と自分に何かの関係が生ずるとしたら、それは、「他人を自分のために利用するときでしかない」というエゴイズムに徹しているのです。つまり、新しい世代のイク族の子どもたちは、その〝不信〟のみを学んでいるのです。こういうイク族の未来はどうなるのでしょうか。

こういうイク族を紹介する文章を書くのは、私にとって、とてもいやなことでした。ここまで読み進まずにページを伏せた読者も多いことでしょう。

しかし、このイク族の例は、私たちが「人間本来の姿」と思っているものが、いかにもろく、くずれやすいものであるかを示してくれますし、ムンドグモル族の例は、親が子どもを拒絶しながら育てる社会が何世代も存続しうることを示してくれます。ここではひじょうにどぎつく極端な例をあげましたが、これから先では、世界の諸民族のもっと日常的な子どもの扱い方を眺めながら、「人間」について考えてゆきたいと思います。

（注）　イク族については、コリン・ターンブル『ブリンジ・ヌガグ――食うものをく

れ』（幾野宏訳　筑摩書房）、ムンドグモル族については、マーガレット・ミード『女として人類学者として——マーガレット・ミード自伝』（和智綏子訳　平凡社）がある。

15 母系制社会の子ども

インドネシア語に「スク」ということばがあります。同一の言語をはなし、同一の生活習慣をもっている「民族」とか「種族」と訳せるかもしれません。これが複数になると「スクスク」というのですが、インドネシアという国は、それはそれはたくさんのスクスクが集まって一つの国家を形成しています。日本のように、ほぼ一民族で一国家を占めているのとは全然ちがっているのです。

スクスクの諸言語は、ジャワ語、スンダ語、バリ語、バタック語、ミナンカバウ語などさまざまで、しかもお互いの関係が英語とフランス語のような近さでなく、インド・ヨーロッパ語族の中のイタリア語とスウェーデン語よりも、もっと遠い関係にあるような場合も多いのです。一九四五年八月十七日に独立して以来、標準語としてのインドネシア語がひじょうな早さで浸透し、公用語として確立しているのですが、現代のインドネシア人は、たいてい自分のスクのことばとインドネシア語の二つを使いこなしています。地方に行くと、自分のスクのことばしか話せない人もいますが、そんな村にも、必ず何人か、公用語の流暢な人がいて、お互いの通訳に事欠きません。財産の相続のしかたも、父から息子へと受け継がれるスクがあるかと思うと、息子と娘が均分相続をするスクもあり、母から娘たちへと伝えられる母系制のスクもあります。ですから、全国に通用する一つの民法ですむ日本のようには行かず、それぞれのスクの慣習法が生きているのです。

そのうえ、海外から移住してインドネシアで生活している中国系、インド系、アラブ系の人びともいますし、もと植民者だったオランダ人の中に、インドネシア国籍を獲得してインドネシア人になりきろうとしている人もいますし、じつに国際色ゆたかなお国ぶりです。

スマトラ島の中西部に、ミナンカバウ族というスクがありますが、数多い土着のスクスクが商売をはじめてもたいてい失敗に終わる中で、彼らだけは、中国系、インド系、アラブ系の商人に伍して商活動を続けてきたと、みずから誇りにしています。このミナンカバウ族は母系制をとっており、母親のもっている財産は娘たちの間で相続されます。大きな家屋に部屋がいくつもあって、娘たちが成長すると、それぞれに部屋をあてがい、むこを迎えます。子どもたちは、あっちの部屋、こっちの部屋と出入りして、大勢のいとこたちや、年齢の近いオジさんオバさん、メイ、オイなどといっしょに大きくなります。そして、しかったり、ほめたりするのも、母親だけでなく、同じ屋根の下にいるおとなたちが、その場その場でやっていくのです。

女の子は、自分の家でずっと生活する人が多いのですが、男の子は〝家を出て行く者〟となっているので、十歳ぐらいになると、なんとなく生まれた家に居づらくなったりして、自分の村のムスジッド（回教寺院）の中で寝起きするようになったりします。ムスジッドで共同生活する男の子たちの話題は、村の外に出ていって、ゼロから商売をはじめ、今では成功した人の苦心談とか、自分たちの将来の夢など、海を越え、島々をかけめぐってひろがるのです。そして彼ら自身、村の外へ出て、スマトラの北のメダンという町や、ジャワ島のジャカルタ、ときにはマレーシアなどでの商売に成功すると、はなむことして引く手あまたになるわけです。むこは妻の家の一室に寝起きするのですが、自分の生家とのつながりも強く長く続きます。

母系制で不動産の所有権は女がもっていても、その管理は、その家に生まれた男たちがやっているからです。そして、男は、自分の姉妹の子どもたちの身のふり方などの重要な決定にも発言し、相談にのってやるのです。ですから、オイやメイの性格や特徴などもよく知っていて適切な助言が与えられるように、日ごろから心がけているようです。男たちには、自分の子どももいるのですが、その子たちの進学や就職や結婚に際しては、妻の兄弟の意見を尊重することになります。男の人に、「自分の子どもにくらべて、姉や妹の子どもたちは、可愛さが劣ることはありませんか」ときくと、「そんなことはない。同じように可愛いものです」という答えが返ってきます。

村をはなれて、ジャカルタやメダンで暮らしているミナンカバウの人びとの間でも、同じ町に住む兄弟が姉妹の財産や子どもたちの面倒をみています。

これを子どもの側から見ると、父親のような人が何人もいることになります。父親が若くてなくなったりしても、責任をもって経済的、精神的に支えとなってくれるオジさんたちがいるので心強いわけです。それに、父親や母親にわかってもらえないような人生の悩みがあるとき、それを安心して聞いてもらえるオジさんがあるのです。

父親と母親は、子どもに愛情をそそぎ、立ち居振る舞いやあいさつなどの礼儀をしつける役割を担っているようですが、あとは子どもがオジさんと相談して自主的に人生を生きて行くことになります。

女の子は家事が上手にできるようにしつけられるのですが、それだけが人生の目的とはなりません。「女の子だからあれをしちゃいけない」とか、「男の子だからこれができなければ」というよりも、一人ひとりの子どもが、「自分の生きたい道を生きるのが当然だ」という気持ちがあるので、女の子が商売をはじめたり、医師になったり、工場の主任になったりすることもまれではありません。

いったいに、ミナンカバウの人は、どちらかというと人に使われることがきらいで、独立自営の職業をもつか、看護婦などの比較的地位の高い技術職について職場を選べる立場に立ちたがるといわれますが、子どもの自主性を重んじる育て方と関係しているかもしれません。

日本では、よそのおばさんに子どもがお菓子をもらったりしたとき、そばにいる母親が、まず「まあ、すみませんねェ、ありがとうございます」といっておいてから、「さ、○○ちゃん、おばさんにありがとうとおっしゃい」というのがふつうです。ミナンカバウ族の母親でしたら、自分が子どものために相手にお礼をいうことをせず、

「さ、○○ちゃん、早くありがとうをいいなさい」とせっつくようです。こういう世界ですから、ミナンカバウ族でも、子どものけんかに親が出て行くことはありません。けんかのあとで子どもからくわしく事情をきいて、あやまらせる必要があれば、その子どもにあやまらせに行きます。子どもに自分の責任の範囲を、はっきりと示すことによって、自主独立の人生を歩む厳しさを教えているともいえます。

こういうしつけられ方をするだけでも「母子ベッタリ」ということになりにくいうえに、同じ屋根の下のオバさんたちからもしつけられ、母方のオジさんたちをも頼りにできるので、よけいに「母子ベッタリ」とならないですむのでしょう。そして、こういう状況の中で成長する子どもたちは、自主独立だけれど、けっして孤立無援ではなく、人間を信じ合って生きているようです。両親をなくして孤児になったりしても、かならずひきとってくれるオバさんがあり、そこの家の子どもたちと対等な立場で生活できるのがふつうらしいのです。

何につけ、兄弟は姉妹と助け合うものだとおしえられているミナンカバウ族では、兄と弟は最大の競争相手にもなりうるようです。

以前は、十人以上子どもが生まれたミナンカバウ族もスマトラのいなかで五〜六人、ジャカルタなどでは三人がふつうになってきました。それだけに、オジさんオバさんとのつき合いや、いとこ同士の交流が、若いミナンカバウの人びとにとって、これから、ますます尊いものになって行くでしょう。

16　男女の分業について

「わたし作る人、ぼく食べる人」というコマーシャルが、「国際婦人年をきっかけとして行動を起こす女たちの会」のメンバーによって抗議され、テレビの画面から消えたのは一九七五年の十一月のことでした。

この問題に関連して、少々個人的な意見をのべさせていただくとすれば、「家事がきらいだったり下手だったりする女性が悪女よばわりされずに、他の特技を発揮できる社会を築きたい。また家事が好きな男性や家庭の事情でやむなく家事をしている男性を〝男らしくない〟と決めつけたりしない社会が望ましい」と私は思うのです。現代の日本ではそれぞれの家庭の事情で、「わたし」が食事を作ってもよいし、「わたしとぼく」で作ってもよいし、「ぼく」が作ってもよいと思うのです。

ところで、世界の人類学者が調査した結果をしばらく眺めてみることにしましょう。工業化されていない社会、つまり採集狩猟や、牧畜や漁業や農業に依存している社会の二百二十四例に関して、食料獲得についての男女分業がどうなっているかというと、表1のようになります。つまり、体力をいっぺんに消耗するような作業には男が従事することが多く、体力を小出しにはするが忍耐のいる持続的な作業を女が分担している社会が多いのです。また、男が多く分担している作業の中には、共同で作業したり、遠出しなければならないものがよく見られます。これに対し、女が分担する頻度の高い作業は、あまり遠出を必要とせず、一人でいてもできる内容のものが多くなっています。

さらに、表2は、加工作業の男女による分担を示すものですが、金属加工や武器の製作がほとんど男の手によってなされていることは興味深い現象です。

さて、このような表を見るときに注意しなければならないのは、例外の存在です。このような一覧表にすると、いかにも「人類は、男女で分業する本性をもっており、力仕事は男のもの、家の仕事は女のものとするのが、自然だ」という結論を導き出しがちですが、ことはそう単純ではありません。

表１　224の非工業化社会における食料獲得作業の男女分担

	常に男がする社会	だいたい男がする社会	男女いずれもする社会	だいたい女がする社会	常に女がする社会
海獣の猟	34	1	0	0	0
狩猟	166	13	0	0	0
小動物の罠猟	128	13	4	1	2
牧畜	38	8	4	0	5
漁業	98	34	19	3	4
農地開墾	73	22	17	5	13
乳しぼり	17	4	3	1	13
耕地作り・種まき	31	23	33	20	37
仮居の設営と撤収	14	2	5	6	22
家きん・小家畜の世話	21	4	8	1	39
作物の世話と収穫	10	15	35	39	44
貝類の採集	9	4	8	7	25
火作りと狩り	18	6	25	22	62
荷運び	12	6	35	20	57
酒・嗜好品作り	20	1	13	8	57
果実・漿果・木の実とり	12	3	15	13	63
燃料集め	22	1	10	19	89
肉・魚の貯蔵	8	2	10	14	74
薬草・根・種の採集	8	1	11	7	74
調理	5	1	9	28	158
水運び	7	0	5	7	119
粉ひき	2	4	5	13	114

〈資料〉R. G. D' Andrade: "Sex Differences and Cultural Institutions" in R. A. Levine (ed) CULTURE AND PERSONALITY, Aldine, 1974. による。

表２　224の非工業化社会における加工作業の男女分担

	常に男がする社会	だいたい男がする社会	男女いずれもする社会	だいたい女がする社会	常に女がする社会
金属の加工	78	0	0	0	0
武器製造	121	1	0	0	0
船の製造	91	4	4	0	1
楽器製造	45	2	0	0	1
木・木皮の加工	113	9	5	1	1
石の加工	68	3	2	0	2
骨・角・貝殻の加工	67	4	3	0	3
儀礼用具製造	37	1	13	0	1
住宅の建造	86	32	25	3	14
網製造	44	6	4	2	11
装飾品製造	24	3	40	6	18
皮革製品製造	29	3	9	3	32
毛皮なめし	31	2	4	4	49
織物以外の繊維製品製造	14	0	9	2	32
糸・紐・網の製造	23	2	11	10	73
籠製造	25	3	10	6	82
敷物製造	16	2	6	4	61
織物製造	19	2	2	6	67
陶器製造	13	2	6	8	77
衣類の製造と修理	12	3	8	9	95

〈資料〉前掲書による。

この二つの統計表の対象となった二百二十四の社会を、一つ一つ吟味してみると、男女の分業を多くの項目に関して厳しく定めている社会から、臨機応変にどちらがやってもよいといった項目をたくさんもっている社会にいたるまで、分業のニュアンスはさまざまなのです。そのうえ、いわゆる力仕事を女がして、子守りや家事を男がすることになっている社会すらあります。人間というものは、ほんとうに多様な生活様式を示しうる動物なのだということに、ここでも感心させられます。

このような男女の分業に見られる傾向性は、男の子と女の子をしつけるにあたって、どういう点を強調するかということとも関連しています。

カナダの狩猟採集民ヘヤー・インディアンは、日々の生活の中で、子守りや、食事の準備や、テントの移動、設営、薪とりなどの家事は男女どちらも同等に有能で、両方が常にやっています。ウサギ狩りや、テンなどの小動物の罠猟も男の方が活動範囲が広いので、少々収穫量が多いとはいえ、同等に有能です。ただし、ムースやカリブの猟は、男が行い、その毛皮をなめす作業はほとんど女が行います。

しかし、「ムースの狩りは女はしてはいけないんですか?」と尋ねてみますと、「い

ワナにかかったウサギがおいしそうなので、思わずニッコリ。

や、いけないことはないんだ。いろんなタブーを守ることができれば、だれがしてもいいんだよ」という答えが返ってきます。月経中の女が山を歩くときには、いろいろと守らなければならない約束ごとがあって、それをいちいち果たしていたら、獲物は逃げてしまうというのです。それに、ムース猟やカリブ猟は、ときには一日で目的を達しますが、ときには、十日や二週間かかることもあり、予定がたちません。八日もかかってムースを追いまわしたあげく、月経で出血して獲物をとりにがすほど馬鹿げたことはないので、女はムース狩りをしないのだそうです。

また毛皮なめしは、はじめの一週間は、育児も何も放り出して皮につきっきりの作業で、その後も何回か、数日続く作業をくり返す、とても時間のかかる仕事なのです。ムースやカリブの足あとや糞が見つかったからと、銃を持ってとび出し何日も帰って来ないことの多い猟の仕事と、皮なめしの作業は両立しません。しかし、けがをして足が悪くなった男の中には、皮なめしの達人がおりました。そして、彼は「女のようなことをして」といって笑われたりしないのです。堂々たる達人としての尊敬を集めておりました。

ヘヤーの社会では、家事作業を低く見たり、女の仕事と男の仕事の内容に優劣をつけたりせず、臨機応変に各自が全力を投入して飢えや寒さとたたかっています。ヘヤー社会は、男女の分業を極小化している一つの極端な例かもしれませんが、その基盤には、自然環境が厳しいゆえの生活の苦しさがあるといえましょう。

17　キブツの男女・親子関係

男女の分業を極端になくした社会の例として、ヘヤー・インディアンにつづき今度はイスラエルのキブツのお話をいたしましょう。

イスラエルには、いろいろな型の農村があるそうですが、その中でもっとも集団化の進んでいるのがキブツという集団農場です。一つのキブツの人口は、四十～五十人ぐらいの小さいものから、二千人余といった大きいものもありますが、だいたいは二、三百人から四、五百人です。国家から長期に借り入れた土地で、農業を共同経営し、なかには軽工業や観光業をとり入れているキブツもあります。十八歳以上の成人男女によって構成されるキブツの総会が、生産、衣食住、教育、育児、厚生などの活動を共同管理しています。つまり、食事は共同食堂で、洗濯や縫い物、つくろい物なども共同の施設で行い、子どもは生後すぐから子どもの家に寝泊まりして、そこで食事や入浴の世話をうけるのです。生後一年間は「乳児の家」、一歳から三歳までは「幼児の家」、四、五歳児は「年長幼児の家」、そして六歳から十八歳までの学齢期には学年に応じた「学寮」で子どもたちは生活します。十八歳をすぎると、おとなの寮に移り、結婚すると夫婦で一室をもらいます。

キブツは、「人間の自由と平等」を基本理念とし、男女ともに家事労働から解放されて、農業や集団のためのサービス作業に従事しているのです。このような労働は、だいたい夕方で切り上げられ、子どものある夫婦は、自分たちの個室に子どもたちをつれて来て、子ども中心の時間を二時間ほどもちます。

最初のキブツは一九一〇年に設立され、その後、数が増加し、二百三十を超すにいたっています。ですから、二代目、三代目、四代目の〝キブツっ子〟も生まれてきているわけです。キブツでは、「子どもたちは、キブツ全員の子ども、社会の子ども」という考えが基本にあって、自分の生んだ子どもでなくても、可愛がり、しつけるという精神が盛んです。

キブツ運動の初期には、「親子の情はたちきるべきだ」として、親がとくに自分の子どもに対して愛情を示すということすら否定したキブツもありましたが、こういうことは、子どもの心身の健康のためにも、親の心身の健康のためにもよくないということがわかり、しだいに、夕方の親子の時間を認めるキブツがふえるようになってきました。そして、学齢以前の子どもたちが寝つく時刻に、親がそばについていて、本を読んでやったり、手を握ってやったりすることを認めるキブツも出てきました。また、労働時間中でも、仕事の合間に、親が、子どもの顔を見に行って、ちょっと食事の世話をしたり、話をすることも認められるようになってきました。

一九五一年から五二年にかけてキブツの調査をした、アメリカの文化人類学者M・スパイロー夫妻によれば、このような制度のもとで、キブツの親たち、とくに母親の中には、「子どもの世話をしたい」という気持ちにかられて、親子の接触の限られた時間を、それはそれはいとおしんで過ごす人が多いそうです。また、子どもたちも、ほかのおとなと自分の親とは、はっきり区別し、「子どもの家」のおとなたちは「みんなの○○さん」であるのに対して、親は、「ぼくの、おとうさん」「わたしの、おかあさん」という意識があるのだそうです。そして、親のある子どもと比べると、夕方会える親のいない子どもの方に問題行動を示すケースが多かったそうです。これは、たとえ時間は短くても、親と子が深くつき合うことがいかに大切かを示す教訓になっています。

そして、このことがわかって以来、多くのキブツでは、親のない子どもに対して、特定の里親を決めるようになりました。夕方の親子の時間をはじめ、里親は「親」と同様にその子どもと接することにしているようです。イスラエル独立前後から今日にいたるまで戦争が続いていて、男女の戦死者の絶えない彼らの社会では、特に、親のない子どもをどう育てるかは、大きな課題なのです。

キブツの子どもの養育に必要な費用は、親たちが個人的に支出するのではなく、それぞれの施設の予算でまかなわれます。子どもたちは、設備のととのった環境で、良い食事を与えられているようです。そこに働くおとなたちは訓練をうけた人びとです。ときには再教育をうけるため、長期にわたって国内留学したり、外国へ出たりすることもあります。また、ハンディキャップのある子どもについては、キブツ外にある養護学校へ送ったり、キブツ内で特定の養護者をつけて世話をしたりするのですが、その費用も公共の予算から出されます。食糧危機で、おとなの共同食堂で出る食事が質量ともに不十分になるようなときでも、子どもたちには、卵や果物などを添えて、できるだけ良いものを食べさせたりするようです。

さて、夕方の「親子の時間」ですが、もの心ついた子どもが、「今日は、父母の部屋に行きたくないな」と思ったら、自分の寮で遊んでいてもよいことになっています。子どもとして、なにげなくそう思う日があったとしても、この時間を楽しみに夕方まで働いていた親にとってはとても悲しいことになります。子どもがそんなことをいい出さないように、毎夕毎夕、子どもたちが親との時間を楽しむようにと、親たちは必死になって努力するようです。子どもの側からすると、親のきげんをそこねても、日常の衣食住にひびくことがありません。ここでは、「親からの逃避としての家出」は子どもにとって何の苦労もなくできることなのです。

キブツでは、父親にとっても、母親にとっても、「わが子との接触」が大切な自己表現の場になっているとさえ感じられます。

さきにもふれたように、キブツは「人間の自由と平等」を標榜しています。その中には「男女の平等」も含まれるわけで、設立の当初は、荒れ地を開墾したり道路や橋を造る重労働にも、女も男と同様に参加していました。しかし、人口をふやす必要もあって、赤ちゃんが次つぎ生まれるようになりました。妊産婦は重労働をさしひかえて、座ってできる裁縫部門などへ配置転換されるようになってきました。

また、母乳栄養を奨励したため、授乳中の母親は、「乳児の家」の近くでできる作業、つまり、共同食堂とか、共同洗濯所とか、「幼児の家」などでの仕事をするようになります。こんなことから、キブツにも「生産関係」は男、「サービス関係」は女という分業が生まれてきました。

そのうえ、キブツには「生産にたずさわることの方が、サービス関係の仕事にたずさわるよりも尊い」といった価値観をもっている人が多いのです。さらに、キブツの共同食堂や共同洗濯所などは、早くから機械化や分業が進んでいるので、一人ひとりの作業員の分担する仕事は、だいたいにおいてやさしく単調です。このようなことから、しだいに、キブツの生活に不満をもつ女性が出てくるようになりました。

「以前に女性が家庭のキリモリいっさいの責任をもっていたときの方が楽しかったのではないか」という気持ちがつのって、とうとう夫を説得し、子どもをつれてイスラエル内での他の生活様式で暮らそうと、キブツを出ていく人たちもあるということです。

さきに書いたヘヤー・インディアンの場合は、機械化されているものが皆無に近く、家事作業を他の労働よりも低く見るといった価値観を持っていないので、どんな作業にたずさわっていても、それをうまくこなすことによって個人個人の尊厳が保たれていきます。ですから、男女の間での分業が極小化されていることが、男の側の不満の源となったり、女の側の不満の原因となったりすることがありません。

男女の分業の問題にしても、育児の問題にしても、どんな制度がとられているかということを表面だけでくらべていただけでは、そこに暮らす人びとの心情は、おしはかれないのです。

18　バングラデシュの女の子たち

現代の日本では、乳児期、幼児期、少年期、青年期などの成長の区分がなされます。これは、個人の身体的、心理的な発達段階の区分として用いられていますが、同時に、それぞれの時期に〝ふさわしい〟日常生活や社会行動のパターンが〝常識化〟されていて、多くの人びとは、そのパターンの幅の中での体験をつんでいくようです。そして、男の子も女の子も、こういった発達段階を経過して成長していくと考えられています。

現代の心理学でいう右のような発達段階の概念が入ってくる以前から、日本人は、お七夜、宮参り、七・五・三、子ども組入り、元服、若者宿入り、娘宿入りというように、人生の区切りを設けていました。

今回は、日本に見られるような成長段階の常識とは異なった生活体験を経る人びとの例を考えてみたいと思います。私の主人、原忠彦が一九六〇年代の初めに調査した、インドの東にあるバングラデシュという国の地方農村に住むイスラム教徒（とくに改革復古主義的傾向のつよいスンニー派）のお話です。ここでは、男の子の体験する成長段階と、女の子の経過する成長段階が大きく違っているのです。

女の子は、三、四歳になると、五〜十歳の姉たちがたきぎ拾いに行くときなど、チョコチョコとついて行って、たきつけの枯れ落ち葉などを集めて帰ってきます。七、八歳になると、たきぎ拾い、水汲み、皿洗い、洗濯、子守りなど、女のおとなの仕事をいろいろと手伝うほか、家の外では、耕作牛を草のあるところに引っぱっていってやるとか、水稲作りで働いている男の人たちのところにお弁当を持っていってあげるなどの用事をします。また、マーケットにおつかいに行くこともあります。そして、七、八歳の女の子は、立ち居振る舞いに自分からしなをつくりはじめます。女として「魅力的であること」は何かということを知るようになるからです。

十二、三歳で初潮がくると、そのとたん、家庭内だけで生活するようになり、たきぎ拾い、牛追い、弁当運び、マーケット行きなどの仕事はしなくなります。それはイスラム教の説く「パルダ」のおきてを守らなければならないからです。イスラム教では、人間の欲望は神から与えられたもので、人間が抑えようと思っても、抑えられるものではないとしています。性欲も例外ではなく、初潮のきた女や、精通後の男など、「成熟した」男女が、異性の顔や姿をみると、必ずや性的に興奮すると信じられています。そこで、夫婦以外のものが、不必要に興奮しないよう、「成熟した」男女の接触をできるだけさけるようにする制度が「パルダ」なのです。

そのため、初潮のきた農村の女性は、よほどのことがない限り道路を歩いたりはしません。どうしても外へ出たり、人前へ出たりする必要のあるときは、「ブルカ」とよばれる黒い長いベールをかぶって顔やスタイルがわからないようにします。そのうえ、晴れても降っても黒い大きな雨ガサをもち、兄弟か夫の兄弟に護衛してもらいます。途中で男に出あうと、女は道路の端に外側をむいてしゃがみ、雨ガサの中に身をかくすのです。夜の外出には、雨ガサのお荷物は省けます。カンテラや、懐中電灯をもって歩いている男は、向こうから女が来たなと感ずると、すぐさま光をずらして、女の人を照らさぬように注意し、横をむいて見ないようにするのが礼儀とされます。

農作業も、男の仕事で、男手の足りない家庭では賃金労働者をやとっています。人がやとえないほど極端に貧しい人たちだけが、女でも野良に出ることになり、そういう場合は、「パルダ」が守りにくく、〝淫乱な女〟になりやすいと思われています。

村の中層の家は、だいたい次頁の図のような配置になっています。道路に面した外屋には、その家の未婚の成年男子が寝起きし、男の来客はここに通されます。内屋には、夫婦ものや子どもたちが寝起きして、男の近い親類だけが入れます。竹垣は高くきめこまかいので、外からのぞき込めません。女は、内屋、中庭、裏庭で生活し、排便、水浴、洗濯などは裏の池の竹垣の囲いの中ですませます。裏に池がないときは、道路をへだてた池の竹垣の中に行くのに、道路に男の姿がないかどうか左右をたしかめて、大急ぎでかけ込むのです。ときに、男の行商人がお得意先の中庭に入って来ますが、そんなとき、買い手の女は内屋の中に姿をかくし、手だけを出して取り引きをします。家の壁も竹を網代《あじろ》に編んだものなので、声は楽らく通ります。

こんな具合なので、外へ遊びに出た子どもたちを家へよび戻そうとしても、自分で出かけるわけにはいきません。竹壁や竹垣を通して、近所の子どもにおつかいを頼むことになります。

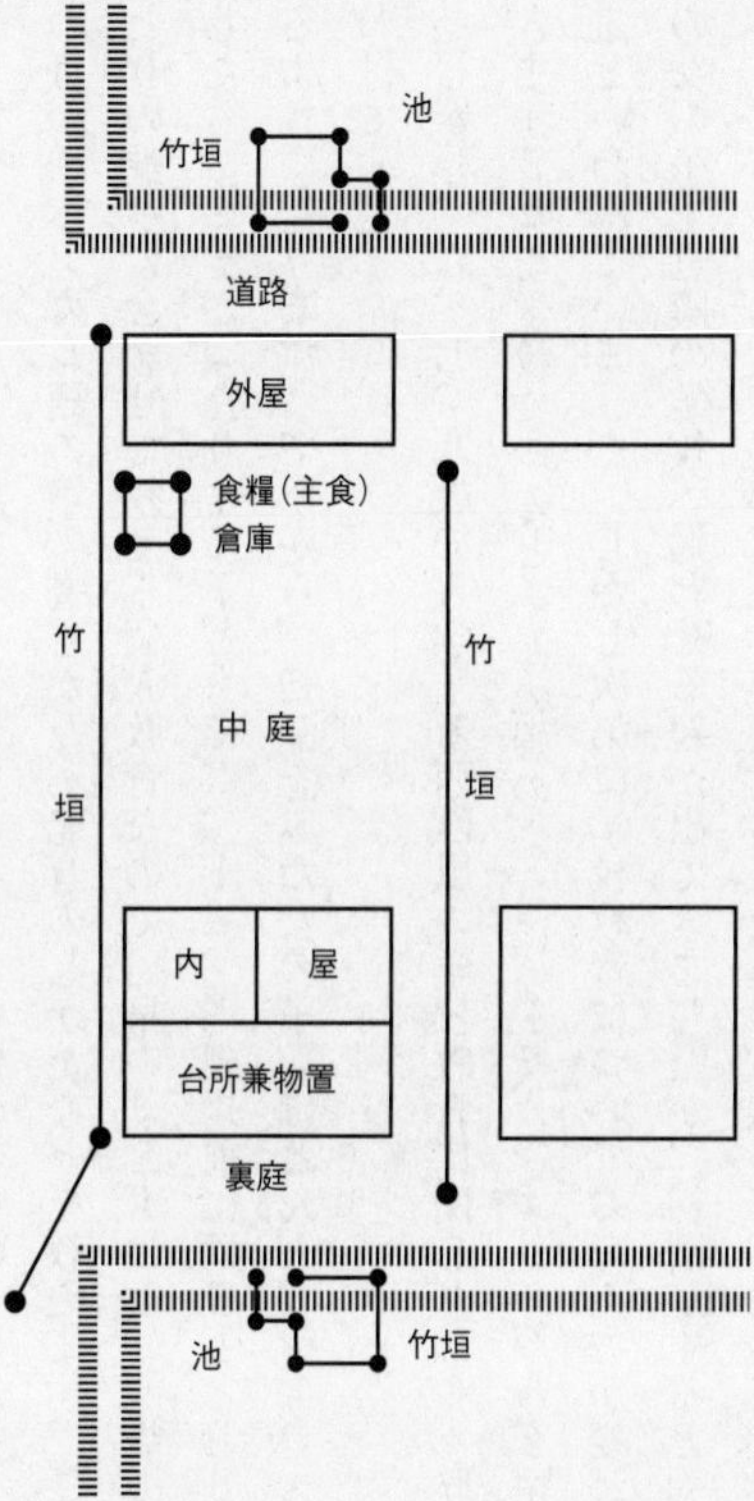
池
竹垣
道路
外屋
食糧(主食)
倉庫
竹
垣
中 庭
竹
垣
内
屋
台所兼物置
裏庭
池
竹垣

農村では、男女ともに、四、五歳からイスラム教についての教育を受けます。村の集会祈禱所（マドラス）に、マラームといわれる教義にあかるい年寄りの男の先生がやって来て、アラビア語でコーランをとなえるときの発音のしかたや、礼拝のしかたのほか、ベンガル語の字の書きかた、発音のしかたなどを教えます。これは、一人ひとりの進歩に合わせて教える個人教育なので、早い子どもは七、八歳で卒業し、中断したり、おそかったりする子どもでも、十二、三歳以前にはひととおりのことができるようになります。ですから、初潮をみた女の子もほとんど、マドラスを終えているわけです。

しかし、六、七、八歳で入学する西欧風の学校教育に関しては少々勝手がちがってきます。女を学校にやると「淫売婦のようになる」、つまり「パルダ」を守らなくなるといわれていました。しかし次第に学校教育についての考え方が変わり、初潮以前の女の子を近隣の学校へ通わせる親が出てきましたが、初潮がくるとやめさせてしまいます。つまり、四学年、五学年の女の子たちは、次々と、ある日突然退学して行くのです。

イスラム教徒は、男女ともに結婚する義務を神に対して持っています。さらに、結婚した男は、妻を扶養する義務を神に対して持っているので、それだけの経済力がつかない限り結婚できず、この地域では十八歳から三十歳までの間に、それぞれ結婚することになります。しかし、女は、扶養される権利だけを持っているようなものなので、初潮がくると、なるべく早く結婚させられ、十五、六歳までにはほとんどが妻となります。前に「パルダ」のところで説明したように、初潮のきた女がウロウロしているのは社会に害毒を及ぼすもとになると考えられているからです。

農村の食生活はそう複雑ではないので、十二、三歳の新妻は炊事、洗濯はまあまあ一人前にできますが、性については何も知らない場合が多いのです。花婿は経済力をつけるため出稼ぎに行ったりしていろいろ経験をつんでいます。そのうえ、イスラム教の結婚では、一方が性関係を拒否するということは、神への義務を怠ることになり、離婚の正当な理由となり得るので、しばしば離婚が生じます。三十歳をすぎた女の再婚は難しいけれど、それ以前の女がウロウロしていては例によって危険なので、条件のより悪い相手と再婚することになります。こうして、たいていの女性は十五歳で出産します。

このように、イスラム教徒の女の子は少女からおとなの生活にいたるまでのつなぎの時期にあたる青年期を体験しないで、突然おとなになるのです。

19 〝がめつさ〟について

さて、バングラデシュ農村の、男の子についてお話いたしましょう。

バングラデシュの農村では、耕作のために牛を使いますので、たいていの農家で牛を飼っているのです。原忠彦が調査をしていたときのこと、Aさんの牛がBさん所有のバナナの葉をたべていたそうです。そこには、Bさんの十二、三歳になる娘がいて、牛をどけようとしたのですが、うまくいきません。Bさんの家は貧乏で、牛を飼っていないため、その女の子は牛の扱い方を知らないのです。そこで、その女の子は、牛を扱いなれているCの家の七、八歳の男の子に「牛をどけて」と頼みました。ところが、Cの子はそっぽをむいて、二、三百メートルはなれたところで遊んでいる、Aのうちの男の子を呼びました。七、八歳になるAのうちの男の子が走って来たときには、牛はバナナの葉を全部食べてしまっていたのです。

頼まれたのに、なぜCの子は牛をどけてあげないのでしょうか。不思議に思った私の主人は、「日本なら、牛をどけてあげなかったCの子が非難されるが、この村のおとなは、どう判断するのですか」と村人に尋ねたそうです。すると、「Cの子が牛をどけてやれば、良いことをしたといわれるさ。でも、やらないからといって非難される理由はない。それはAの牛なんだし、Aの子がどけるのが当然なんだから」という答えが返ってきたそうです。

バングラデシュのイスラム教徒の子どもたちは、所有権の重要性を早くから認識するのだそうです。この点、女の子よりも男の子の方が、早くからませているようです。

男の子は七、八歳になるまで、あまりお手伝いもせず、家の外で遊びほうけています。さきにも書いたように、母親が家の外に出られないので、外遊びをはじめた子どもは、母親の干渉や保護をいっさい受けずに遊びまわるのです。しかし、七、八歳になると、女のおとなに頼まれて、マーケットにお使いに行き、その報酬をもらうようになります。これは彼自身の収入となるのです。マーケットで上手に値切れば、それだけ、彼の収入が増えるので、いっしょうけんめいかけひきの技を磨くのです。

男の子は、小さいときから家の外の世界でもまれているせいか、女の子よりもかけひきがうまく、同じものをより安く買い入れて来るそうです。また、七、八歳になると、田畑の仕事や、牛洗い、牛追いなどの農業も手伝います。このころから、身近な田畑がだれのものかわかるようになります。このあたりでは、土地は子どもたちの間で均分（女の子は男の子の半分）に相続され、売買も激しいので、田畑の所有者はこまかいモザイク模様をなして入り混じっています。しかし、十二、三歳の男の子は、近隣の田畑の一つ一つの所有者をかなり正確に知っています。

この地方では、生活用水や農業用水のために、各戸ごとに池をもっています。その池には魚がいて、男の子は魚とりが大好きです。棒の先に糸を結びつけ、その先端におもりとみみずなどの餌をつけます。魚が食いつくように池に糸をたらし、棒は土にさしこんでおきます。この釣り道具のことをボルギというのですが、夜中に魚がかかって、あばれると、ボルギが土から抜けて、ボルギもろとも魚をとりにがすことになってしまいます。

あるとき、ボルギに魚がかかってゆらゆら揺れているので、主人が「ボルギと魚をとっておいてやれよ」と七、八歳の子にいってみたところ、「やだい、あれは○○ちゃんのだもん」といって、かけ出して行ったそうです。七、八歳の子どもが、他の家の池の魚をとっても、おとなは見逃してくれるのですが、ボルギの所有権は子どもの間で、侵すべからざるものとして確立しているようだということです。公共道徳として、他人のものに手を出さないという感覚よりは、「自分が人のものをとろうとしていたと思われるのをおそれている」という可能性があるし、「あのボルギの所有者が、魚とボルギを失ってもよいという気があるからこそ、ボルギのようすを見に来ないで放っているのだから、その所有者の自由意思に他人である自分が干渉してはいけない」といった認識も、強くはたらいていたと思われるというのです。

池の売買が行われた翌日のこと、売った家の七、八歳から十二歳の子どもたち三人で、池の水を汲もうとしていたら、その池を買った方の十歳の男の子が、「もうおれんちの水だから汲んではいけない」といってさしとめたこともあります。

主人が、一九六四年に村を離れるにあたって、二年間住んでいた集落の子どもたちに、当時はやりはじめていたフットボールを寄付しました。そのとき、「〝バリ〟の子どもたちであそんで下さい」といったのです。ところが、「バリ」ということばには、その集落《むら》という意味と、その中の主だった家系の人たちをあらわす意味の二つがあったため、子どもたちの間で議論がわき上がりました。とくに、その集落の中で主だった家系に属さない子どもたちが、不安になってきたのです。

そして、フットボールをしたいと思っている男の子が全員でやって来て、「バリというのは集落の意味であって、主な家系に属さない者も、属する者も全員、このフットボールで遊べる。つまり、自分はこのフットボールで遊ぶ権利をもっているのだ」ということを確認していったそうです。それも、全員が、一座で確認したのではなく、一人ひとりが、主人との間に、この対話を個別に行って確認していったということです。

私たちから見ると、「なんと理屈っぽい。ボールをくれたおじさんが、どういう意味で〝バリ〟といったにせよ、まあまあ皆で仲良く遊んだらいいじゃないか」といいたくなりますが、彼らは、そんなあいまいなことは許せないのです。そして、バリの定義からして、遊ぶ権利のない子を仲間外れにしてフットボールをしても、とりたてて非難されずにすむのです。

このような例はつきないのですが、彼らは、たんに「これはだれのもの」だと知っているだけではなく、「だからだれは何をしてもいい。だれは何をしてはいけない」といったことまで詳しく知っているわけです。

バングラデシュ農村の男の子たちは、早くから厳しくガメツイ社会生活の中でもまれています。「これはだれのものだ。だから……」といった議論をする機会は女の子より男の子の方が幼児期から多いのです。こんなことが、七、八歳になってからのマーケットでの値切り方の上手下手の差として現れる一因となってもいるのでしょう。

さて、日本では、子どもたちは、小さいときには「皆でものを分けあいましょう」とか「助けあいましょう」ということを幼稚園や学校で教えられます。村の共有財産などの減ってしまった今日、おとなの世界では、かなり厳しくガメツイ所有地の争いや、かけひきがあるにもかかわらず、教科書などでは、そういう現実にはふれずに、協調とか調和が強調されます。

したがって、日本の子どもたちは、少年期や青年期に、「醜いおとなの世界の現実」に幻滅を感じたり、反抗したりします。

しかし、バングラデシュの農村の男の子たちは、小さいときから、ありのままのおとなの世界を見せつけられ、その中での生活力を自分で身につけるようになるので、日本人が少年期の後半や青年期に体験するような幻滅を感じずに成長します。

この地方の結婚式では、花婿が花嫁に金品を支払うことが義務となっています。その際、花嫁側の男の身内が、金額や、品質についてあれこれと難くせをつけ、花婿側の男の身内が、それに反論を加えます。議論がこうじて、ついに縁談が破談になることすらあるのですが、こういう情景を、子どもたちは小さいときから、目を大きく見開いて眺めてきているのです。

20　男の子の「家出」について

読者の皆さまにすでにおなじみになっているバングラデシュ農村のスンニー派イスラム教徒の成人男子のうち、かなりの人びとが、十三、四歳前後に「家出」をしています。しかも、一人で何回も家出している例も少なくないのです。そして、今日の少年たちも、さかんに家出をして、ある日、あるとき、行き先もつげずに姿を消しているのです。

「家出」をした少年たちは、親の目のとどかない町や都市に出て行き、友人や、知人や、親類や、見知らぬ人などに頼んで、職をさがします。知人や親類を通じて、少年の居所が親に伝えられることもあり、そんな場合、親は「ははあん、あそこでやってるのか」と安心するようです。しかし、二、三年間、息子の行方がわからないこともしばしばです。親は、気にはしますが、日本で家族が家出人をさがすように、必死になってたずねまわるようなことはしません。家を出て行っても、アラーの神の御心のままに、息子が生活しているだろうという信頼があるからのようです。そのうえ、子どもに家出されることが、「家の恥」にもならず、「親の恥」にもならないのです。各個人は、それぞれ、アラーの神の定める運命のもとに、自主独立の生活をするのが当然であるからです。

しかし、親の気持ちはすっきりと割り切れているようでもありません。父親は、妻と結婚以前の子どもを養う絶対の義務を、アラーの神によって与えられているので、これまで、その息子を養ってきたのです。アラーの神以外の抽象的な権威を信じない社会なので、いわゆる「父親の尊厳」のようなものは、もともとないにひとしく、「おれがいなければ、おまえたちは食えないのだぞ」ということを背景に、父親は息子になんらかの服従を強いることができてきたのです。こういう力は、父親が年老いて経済力が弱まるとともに、目に見えて衰えるものです。したがって、父親は自分にとって「息子を服従させる」ことができるのは、人生のほんの一時期に限られていることを、百も承知で、人生を送っているようなのです。しかし、息子の家出は、「お父さん、ぼくはもう、経済的に自立します。オヤジの命令に服従するのももうおしまいです」という宣言ともなります。父親にとっては、それが、自分に対して情けないというよりは、自分の友人の前で、「オレは、息子に対する命令権を失った」と認めざるを得ないことの、かすかな口惜しさとなるらしいのです。

いっぽう、当の息子のほうは、この年齢で家出をして、だれの世話にもならずに生活しているということを、誇りにします。そして、どの少年も、親元を離れて、遠くの町に住むことを恐れません。すでに書いたように、「パルダ」の掟によって、戸外に出られない母親は、戸外で遊ぶ三、四歳以上の子どもたちについてまわったり、監督したりすることができません。そのうえ、父親の多くは、近くの町などに出かせぎに行っていて、一週間か十日に一回ぐらい帰宅するのです。このため、子どもたち、とくに男の子たちは、父母の目からは自由なところで毎日を送るのです。そして、同年配の友人たちの間で、社会生活の知恵を身につけて行きます。また、家族内の人間関係でも、それぞれ独立した人格であることが強調されるので、もともとベタベタした甘えなどはありません。そこで、家出をして家庭を離れることによるさびしさや心の痛手は、さほど大きいものでなく、新しい町や職場でのつき合いで、かなり補われてしまうようです。

日本では、子どもの家出というと、すぐ「非行化するのでは」という心配が生ずるのですが、バングラデシュでは、十二、三歳以上の男の子が、何か仕事を見つけて、その日その日の生活をたてる道がいくつもあるのです。この地方のイスラム教徒は、定職につくことをさほど重要と思っていないので、上司とうまくいかなかったり、給料に不満があったり、仕事に飽きたりすると、すぐに職場をかえ、職種をかえてしまいます。ですから、雇い主の立場からすると、しょっちゅう使用人にやめられて、人探しをしていることになります。また、発展途上国なので、熟練を要する仕事よりも、非熟練労働者で十分こなせる仕事が多いわけです。十歳以下の子どもが雇ってもらえる機会は少ないけれど、十三、四歳なら、ともかく仕事が見つかるのです。ですから、盗みをはたらいたり、ギャングの使い走りになったりする暇もなく、職にありつけるのだともいえます。

さて、男の子は十三、四歳で家出をするといいましたが、彼らは五歳ぐらいで、自分が自主独立の人格をもっていることを自覚するようになります。そして、八、九歳には、家出をしたいと思っている者もいます。しかし、現実的な計算にたけた彼らにとって、職にありつけるのは十三、四歳になってからだという情報をもっている以上、自分がその年齢になるのを待っているほかありません。今後、国の経済機構や産業の内容が変化して、熟練度を要する職種がふえたりすると、家出の年齢もおくれてくるかもしれません。逆に、なんらかの契機で、八歳の男の子にも、自由に職が得られる状況になれば、家出の年齢は、より若くなるかもしれないのです。

ですから、これまで、ほとんどの男の子が、十三、四歳で家出をしているという事実は、必ずしも、この地方の男の子の年齢にともなう、心理的社会的成長段階の一特徴であるとは、いえないことになります。

家出をした息子は、「自分は独立して、生活している」と誇りにみちるのですが、父親の心にも、「オレの息子はこんなに早く独立した」という誇りがかすかに生ずる場合もあるようです。しかし、日本のように、「子の名誉は親の名誉」とはならない、つまり、父子の運命や名誉や恥が共有されないので、息子の家出を誇りに思う度合いもうすいのです。やはり、さきにのべたように、父親は多少、自分の名誉を傷つけられるといえるでしょう。

ところで、家出をして失敗した男の子は、村に帰ってふたたび父や兄に扶養されます。受けいれる家族の側は、きわめて淡々と、「出戻り」息子を迎え入れるのですが、男の子の方には、誇大に「おれは都会の生活を見てきたんだぞ。自分で食ってみた経験があるのだぞ」ということを友人たちに吹聴して、虚勢をはる面も見られるようです。

面白いことに、二十七、八歳になった未婚の男でも、ときに、食いあぶれて、村に帰り、一時、父や兄に食べさせてもらうのです。結婚すると自分が扶養者になるので、人に食べさせてもらうようなことはしなくなりますが、結婚(だいたい二十〜二十五歳)までは、十三、四歳のときと同様な姿勢で生活しているということになります。そして、いったん、家出に失敗しても、それは全人格的な失敗とはうけとられず、「こんどは、アラーの神が私をこういう目にあわせたが、この次の家出のときは、うまく行くようにしてくださるかもしれない」と思っているので「出戻って」ふさぎこむというはめにはおちいりません。

息子に家出をされた母親は、父親よりは「息子がどこにいるのか」と心配するようりするとか、「出戻って」きたりです。ですから、息子が「成功」を知らせる手紙をよこしたり、「出戻って」きたりすると、ホッとするようです。男の世界とちがって、家屋敷の中で、常に身うちの者たちとだけ生活している女性の世界からは、広い世間にもまれる生活は、想像の外であるということも作用しているのでしょう。父親の方が、徹底した自主独立の世界を知り、かつ、自ら体験しているので、よけいな心配はしないのかもしれません。しかし彼女らとて息子に家出された日本の母親のように、うろたえないですむのは、「アラーの神がついておられるのだから」という大きな安心があるからのようです。

21　しつけの男女差

日本には「七つまでは神のうち」というように、七歳までは、がんぜなく、罪もけがれもないという考え方があります。そして、数え年の七つまでは、比較的に子どもを甘やかすように思われます。しかし、数え七つになり、現代の学齢期に入ると、勉強やおけいこごとでも、かなり鍛えるようになります。最近のように、学童の勉強やおけいこごとが忙しくなる以前には、数え七歳を過ぎた者には、子守りや農作業や、店の手伝いや、家事の手伝いなどの仕事を何かと分担させたものです。

「子ども心に何かをおぼえている」というときにも、七歳以下の時代に体験したことの思い出をさすようです。

世界中のいろいろな社会には、さまざまな人生の区切り方があります。そして、子ども時代の区切り方も、いろいろです。だいたい、生後一年の乳児の時期は、人類社会に共通して、「あかちゃん」の段階とみなされます。その後自由に、歩いたり、走ったり、話をして、自分の意志や感情を表現できるようになる満四、五歳までの時期についても、だいたい世界共通に「小さい子ども」扱いをするようです。

そして、男の子の声変わりや、女の子の初潮をもって、人生の一区切りとすることも、多くの社会に見られる現象です。

ところで、おもしろいことに、四、五歳から十二、三歳までの間（これをかりに少年期とよぶことにしましょう）をどう区切るかについては、社会によってさまざまなのです。一九七六年に、アメリカの文化人類学者バリーらが、世界の百七十九の社会について調べたところ、日本のように、七歳ごろを一区切りとする社会が八十七（四九％）、九歳までを一区切りとする社会が三十六（二〇％）、十一歳ぐらいまでを一区切りとする社会が五十六（三一％）あったということです。その社会の一覧表を眺めてみますと、ホッテントット、ピグミー、エスキモーなどの狩猟採集民には、十一歳までを少年期前期としている傾向があり、日本人、ナチェス・インディアン、ジャワ人、エジプト人、トルコ人など、比較的複雑な政治社会の組織をもっている社会には、七歳ないしはそれ以前を、少年期前期の区切りとしているというふうに、私には思えます。

表1（一七三頁）は、堅忍、競争心、自立心、勤勉さ、従順さなどのしつけが、どの程度きびしいかを、四人の学者が、それぞれの社会について独立に評価して、四人の評価があまりくい違わなかったものについてのみ、全サンプルの平均値を、男女別および少年期の前期後期別に算出したものです。少年期の前期後期の区分は、各社会の定義に従っているので、全サンプルを通じて「何歳」を区切りとしたということはいえないわけです。この表のしつけの項目の中で、最下段にある性別による制御というのは、男女別々にあそばせるとか、陰部を衣類で常におおうようにさせるとか、性器をさわらせないとか、性交ごっこをさせないようにするなどのしつけが含まれています。

この表は、あくまでも平均値で、社会ごとのしつけの厳しさに、どのような「ばらつき」があるのかは、示されていません。原票を見ると、各社会の評価は零点から十点までの十一段階の全段階にひろがっています。そして、たいていの社会で、少年期前期にくらべると、少年期後期には諸項目についてずっとしつけが厳しくなっており、その男女差もひろがっています。

少年期後期にとくにしつけが厳しくなるのは、勤勉さと責任感、ついで自立心と成就能力に関してです。また、少年期後期のしつけの男女差についていうと、堅忍、攻撃性、自立心などのしつけは男の子により厳しく、勤勉、責任感、従順さ、性別による制御などのしつけは、女の子に対して強められています。

さて、百八十二のサンプル社会の一つひとつの評価を原票にあたって検討してみますと、堅忍、攻撃性、自立心などのしつけについて、男の子よりも女の子に厳しい社会はありません。また、勤勉、責任感、従順さ、性別による制御などのしつけを、女の子よりも男の子に対してより強くしている社会もありません。しかし、これらの項目について、男女ともどもに同等の厳しさやゆるやかさでしつけている社会もかなりあるのです。つまり、表1に示される男女差の重みは、さほどのものではないといえましょう。

『しつけ』(我妻洋、原ひろ子著　弘文堂)という本で紹介した、一九五七年のバリー、ベイコン、チャイルドの研究では、百十の異なる社会の四歳以上の子どもたちに関し

表1　世界の182社会におけるしつけの男女差（1976年）

しつけの方向		評価のための資料があった社会の数				評価の平均値			
		少年期前期		少年期後期		少年期前期		少年期後期	
		男	女	男	女	男	女	男	女
強さ	堅忍	140	131	155	145	4.7	4.4	6.0	5.5
	攻撃性	133	118	148	128	4.5	4.0	5.5	4.7
	競争心	111	106	135	126	4.1	4.0	4.7	4.5
成熟度	自立心	155	153	160	153	4.0	3.5	6.2	5.2
	成就能力	146	136	162	153	4.0	3.5	5.3	5.3
義務の遂行	勤勉	166	165	175	175	2.8	3.3	5.2	6.0
	責任感	151	150	161	158	2.7	3.1	4.9	5.6
服従性	従順さ	160	161	162	162	4.9	5.2	5.6	5.9
	自制	134	133	135	132	3.7	3.8	4.9	4.9
	性別による制御	156	154	164	165	3.0	3.4	3.8	4.8

注・評価は、0. 1. 2. 3. 4. …… 9. 10の11段階で行われている。
〈資料〉Barry, Herbert III, Lili Josephson, Edith Lauer, and Catherine Marshall: "Traits Inculcated in Childhood; Cross-Cultural Codes 5", ETHNOLOGY, 1976, Vol. XV. pp. 83 〜114.

表2　役割期待の男女差（1957年）

期待される行動特性	調査された社会の数	女子により期待されている	男子により期待されている	男女差のない社会
庇護性	33	82%	0%	18%
従順さ	69	35%	3%	62%
責任感	84	61%	11%	28%
成就能力	31	3%	87%	10%
自立心	82	0%	85%	15%

〈資料〉Barry, Herbert III, M. K. Bacon, and I. L. Child: "A Cross-Cultural Survey of Some Sex Differences in Socialization", JOURNAL OF ABNORMAL SOCIAL PSYCHOLOGY, 1957, Vol. 55, pp. 327~332.

て、庇護性、従順さ、責任感、成就能力、自立心などの役割期待に今回の報告よりも歴然とした男女差が認められると報告されていました(表2参照)。今回の一九七六年のバリーらの研究の対象となった社会のサンプル数は、百八十二で、一九五七年、つまり二十年まえのサンプル数よりも、七十二社会多くなっています。しかも、この二十年間に、子どもの生活に関するきめこまかい実地調査報告が増えてきているので、今回の百八十二のサンプルの方が、資料の質からいっても、格段に粒ぞろいになってきています。

表1の内容は資料の質が向上することによって、しつけ、ないしは役割期待の男女差が、表2の内容よりも、少しぼやけて来たということになるわけです。また、表2のような表現方法をとると、役割期待やしつけの男女差が、実際よりもより強く読者に印象づけられやすいということにもなりましょう。

文化人類学者は、いろいろな社会に生きる人びとの、生活のしかたやものの考え方を、どのようにしたら的確に調査できるかという課題を抱えています。当然その調査報告書の精度が高ければ高いほど良いわけで、年々、その精度を高める工夫が行われています。

もう一つの文化人類学者の仕事は、世界各地から集まってくる報告書を資料として、全人類的な視野のもとに、さまざまな生活のありさまを相互に比較することです。私どもは、ふだん「アメリカ人は子どものしつけに厳しい」とか、「日本人は赤ん坊を甘やかす」とか気軽に申しますが、それが、全人類の子どものあつかい方の変異の幅の中で、どのような位置を占めるものであるかを明確にしないかぎり、ほんとうの比較にはならないのです。

バリーらの一九五七年と一九七六年の分析の結果のずれも、比較作業の精度を高める努力の反映といえます。

さて、表1の結果から、さらにどんな問題が提起されるかというと、各社会におけ る男女がおとなになって、それぞれに異なった人生を生きていると感じる場合にも、子ども時代の、ほんのちょっとしたしつけ方の差異が、しだいにその輪をひろげるものなのかどうかという点です。答えは、今後の研究の発展に待つことにしましょう。

さらに、将来の研究課題として残るのは、しつけの男女差が、ほんのちょっとずつなりとも存在するということが、人類の生物としての特性にもとづいているものなのか、それとも「文化」の所産なのかという問いです。

22 離婚と子ども　その一

一九六〇年代の前半、私はアメリカ東部で、五年ほど、大学院生活を送っていたのですが、そのころの友人の中に、日本映画の好きなアメリカ人の夫妻、ジョセフとバーバラがおりました。「羅生門」、「七人の侍」、「椿三十郎」などや、「アイランド」（邦題「裸の島」）という瀬戸内海の島の生活を描いた無言の映画などが、フィラデルフィアの劇場で上映されるときは必ず誘ってくださったものです。映画がはねた後、ピザ・ハウスに寄ったり、ときには、このバーバラとジョセフのお家で、ホット・サンドイッチなどをつまみながら、感想を話しあったりしました。

そして、金曜の夜などに、彼ら夫妻が、およばれや、音楽会で出かけるときに、ベビー・シッターを頼まれたこともありました。二歳、四歳、八歳、十歳、十一歳の五人の子どもたちがいて、大きい子どもたちが、けっこう小さい子どもたちの食事や入浴の世話をしてくれますし、食後のお皿洗いなども、それぞれ分担してさっさと片づけてくれます。七時すぎて、上の子どもたちが、テレビの劇を見たり、本を読んだりしはじめると、私の出番になります。

パジャマを着た下の子たちを相手に、おもちゃで遊んだり、折り紙を折ったり、本を読んだりして、一時間ほど過ごすともう八時。二つ並んだベッドにチビさんたちを入れて、まん中に座ってから、短いお話を、一つか二つ、即興につくって話してあげると、目を輝かせて聞いてくれました。時を見はからい、電気の明かりを小さくしながら、「今日はこれまでよ。おやすみなさい、いい夢を見てね」というと、たいてい素直にクルリと壁の方を向いて、「おやすみ」をいいます。上の子たちは、ちっとも手がかからないので、あとは、私は、自由に本を読んだりして過ごしていました。

バーバラとジョセフは、二人とも離婚したことがあります。ここの家の、上の子どもたち三人は、バーバラの先夫との間に生まれました。二人のおチビさんはバーバラとジョセフの子どもなのです。そして、ジョセフが先妻との生活でもうけた二人の子どもたちは、先妻がひきとりました。そして、再婚して住んでいるフィラデルフィア郊外（C家）で育てているのです。バーバラの先夫も再婚して、自動車で一時間ぐら

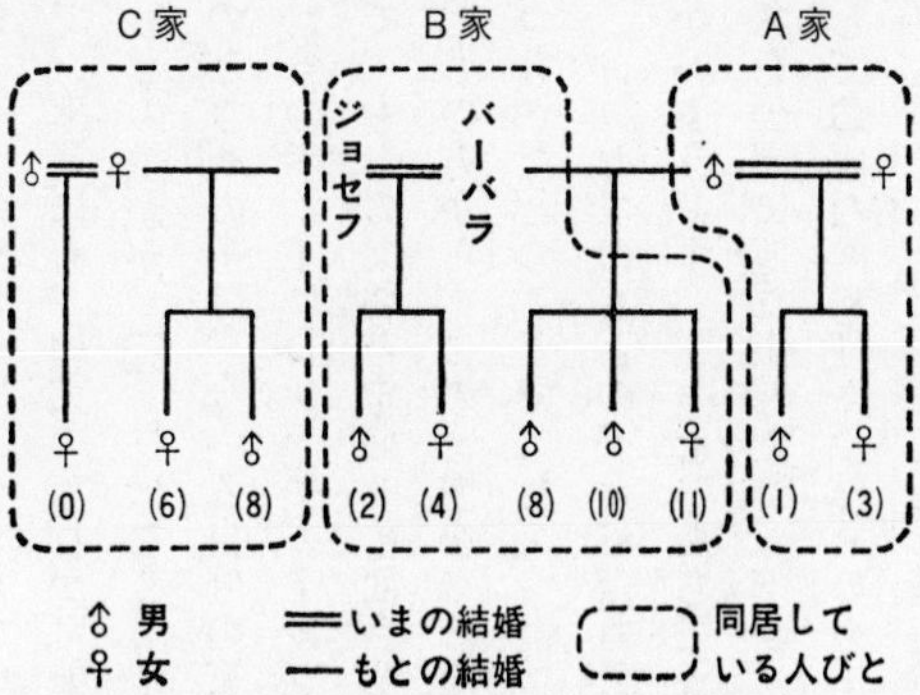

いのところ（A家）に住んでいます。バーバラとジョセフの家をB家としておきましょう。

さて、一週間おきの土曜日午前中には、子どもたちの大移動がはじまります。バーバラの大きい子どもたちは、もとのお父さんが迎えに来て、その家にお泊まりに出かけ、ジョセフは、もとの自分の子どもを迎えに行きます。そして、その子たちは日曜の夕食までを、もとの父親の新家庭で過ごしてから、自分の家へと送ってもらいます。

バーバラもジョセフも、さきの離婚に際して、子の養育権は母親が得、父親は一か月に二回、子どもと会う権利があるという約束をとりかわしているので、このような週末の大移動が行われるのです。それぞれの男女が再婚するときに、再婚後も、この約束を実行しようということになりました。たまたま、新しくできたA、B、Cの三つの家庭がフィラデルフィアを中心に、自動車で一時間以内のところにあるので、幸運にも、約束の実行が可能になったというわけです。

どの子かが、「今日は、ダディーのところに行くのはいや」といったりすれば、そのときその子は、今いる自分の家で週末を過ごします。将来、子どもたちが、週末を自分のボーイフレンドやガールフレンドと過ごす方がいいと考えるようになったりして、もとの父親と定期的に面会しなくなるかもしれません。それとは別の理由で、子どもの方から、この習慣をやめたいといい出すまでは、ずっと、週末大移動を続けるつもりだとのことでした。

ジョセフのもとの子どもたち二人がやって来る日は、バーバラはたいへんな気のつかいようです。ジョセフたち三人が、三人だけの時間をもてるようにと、チビッ子たちを公園に連れ出したり、ドライブに出かけたりします。食事は前日ぐらいから用意しておいた肉料理や手作りのケーキなど、腕によりをかけてごちそうします。そして、夕食前からチビッ子たちの就寝時間までは、ジョセフのもとの子どもといまの子どもが皆で一緒に遊ぶのです。そのときも、大きい子どもたちが、小さい子どもたちの世話をけっこうしてくれるし、おチビさんたちも、ときどきやってくるお兄さんお姉さんになついています。

バーバラの四歳の女の子リーナは、おしゃまさんですが、いつも一緒に暮らしているお兄さんお姉さんたちが、A家訪問から帰って来ると、「お兄さんお姉さんたちは、何をしてたの？　どんなごちそうだった？　私たちはね、○○をして、△△を食べて」とおしゃべりをはじめます。

バーバラは、

「リーナが大きくなって、こんなおしゃべりをするようになってから、ときどき、子どもたち同士の会話がきこえてくるでしょ。そんなとき、もとの夫のところで何をして来たか、わかるんだけど、私の方から子どもたちに聞いたりはしないのよ。週末訪問から帰ったあとで、病気にでもなったりしたら、私は、直接A家に電話して、そのときの子どものようすや食べ物についてたしかめることにしているの」

といい、ここにいたるまでの経過を、

「いまはもう、離婚して五年目だし、私の気持ちも、淡々としたものになってきたけど、はじめのうちは、もとの夫への感情も揺れに揺れてたの。そんなときに、五歳や六歳だった子どもの口から、ダディーと何をしたとか、何を食べたとか聞いていると、『まあ、ダディーはただお金のかかることをしてやりさえすればいいと思ってるんだわ』とか、『だから、ダディーは無神経なのよ』などといった怒りがムラムラとこみ上げたりしてね、表情にも出てしまうのよ。それに、こんなことを報告するときの、子どもたちは、私の心を見抜こうとしてか、何かさぐるような、するどい目で私の目を見つめているの。私ね、ボーイフレンドだったジョセフと相談して、子どもたち一人ひとり別々に話をしたの。『ダディーのところに行く週末のことは、あなたとダディーとのプライバシー。マミーに報告しないでもいいのよ。だけど、ダディーのところに行きたくない日もあるかもしれないから、そんなときだけ、マミーにおっしゃい。でも理由はいわなくていいのよ。夫婦の間には、だれにも話さないプライバシーがあるの。あなたとダディーがいっしょにすることは、あなた方のプライバシーよ』って。それ以来、わが家では、『幼稚園で何をしたかは、私のプライバシーよ』なんて、流行語みたいになったこともあったわ。子どもたちも八歳をすぎると、気持ちの整理ができるようになって、けっこう、お互いに週末の変化を楽しんでるのよ。ジョセフのもとの子どもたちも、どうやら落ちついてきたみたいよ。おとなたちの心のバランスがよくなったことが大きいようだけど」

ジョセフもバーバラも仕事をもち、パーティーによんだりよばれたりの社交も忙しい中で、よくもまあ、一週おきの大移動が続けられるものだと驚嘆していると、バーバラは「でも、離婚した親たちの、子どもに対する責任は、離婚しない親よりも大きいと思っているの。たまたま、A、B、C三家のおとなたちが、その点で意見が一致しているので幸運だったわ。それから、子どもがなぜダディーとマミーは離婚したのかって聞いてきたら、はじめは一緒に暮らしたいと思って結婚したんだけど、二人の好きなこととときらいなことがくいちがってだめになったんだということを、子どもの年齢に応じて話すことにしているの。この方針もよかったみたいよ」と話してくれました。

親たちの離婚前の不愉快な生活や、離婚、再婚の生活の変化という嵐にまきこまれた子どもたちは、一見わりきったようすで、家事を手伝い、自分の身を処していました。でも、年齢のわりには複雑な心のかげりも持っていて、ヤンキー風の単純なストレートさはなかったようです。でも、バーバラの子どもたちは、親の離婚、再婚で、よりよく成長しつつあった例といえるかもしれません。

23 離婚と子ども　その二

しかし、親の離婚・再婚が増加しつつあった一九六〇年以来中流アメリカ人の間では、そのために自分がズタズタに傷ついて、なかなか立ち直れないおとながふえていたばかりでなく、親の離婚・再婚・再々婚を経るうちに心が混乱して、さまざまな兆候を示す子どもたちの問題も生じはじめていました。バーバラの子どもたちのような結果になっていったのは、むしろ、ひじょうに恵まれた珍しい例といえるかもしれなかったのです。

そして、離婚率がアメリカの約三分の一だった日本（一九六〇年、アメリカ二・一八%、日本〇・七四%）からの留学生である私は、離婚後別居している父親を、子どもたちが五年間もつづけて定期的に訪問しているという事実に、まずおどろきました。

次に、バーバラが再婚したジョセフにも先妻との間に子どもがあって、その子どもたちが定期的にバーバラの家庭を訪問する習慣が、これまた長続きしているという話に舌をまいてしまいました。

そのうえ、バーバラとしても、子どもを週末にあずけたり、あずかったりする立場上、先夫の新しい奥さんや、今の夫のもとの奥さんと、何かとこまごました連絡をとり合っているというにいたっては、不可解な気分にさえなってしまいました。バーバラや、新しい夫のジョセフの忙しい日常を知っていた私は、彼らが、自分たちの離婚・再婚によって深まった子どもたちへの責任を果たすために、時間的にも精神的にもたいへんな努力をはらっているということがわかっていました。彼らはアメリカ人の友人たちの目から見ても、ギリギリいっぱいの生活をしているようでした。さいわい健康に恵まれ、関係する三つの家庭の間で考え方が共通だったので、その無理が通せていたわけです。ですから、バーバラをとりかこむ状況の要素のうち、一つでもうまくかみ合わないことがあれば、バーバラの先夫との間の子どもたちも、ジョセフの子どもたちも、さらに新しい結婚で生まれてきた子どもたちも、何かと心に深く混乱を生じていたかもしれないのです。そういう意味では、綱渡りの人生とさえ見えるのでした。

一九六七年ごろは、アメリカの離婚率は、いぜんとして上昇していました。そのころに両親が離婚したとき十歳だった男の子レナルドは、八歳の妹メアリーとともに母親に引きとられました。レナルドは、もともと父親を慕っていたので、父親が別居したことが寂しくてたまりませんでした。そのうえ、彼は心くばりが細やかなところか、ちょっと気が弱くて、自分の気持ちや考えを十分に人に表現できず、心にモヤモヤをもちつづけているところなど、父親によく似ていました。アメリカの中流社会で生き抜くうえには、そういう性格の人は、いろいろと苦労が多いようです。そのような父親の弱さに、母親は長年いら立っていたようです。あまり奥さんにガミガミいわれるので、父親はとうとう別の恋人を作ってしまいました。それが離婚の直接のきっかけになったらしいのですが、母親のショックは大きく、心の波の動きも激しかったようです。

妹のメアリーは賢い子どもで、何もかもわかっているのに適当にとぼけて見せたり、さらりと母親を慰めたりするので、母親はメアリーをある意味で頼りにしていました。しかし、ますます心をモヤモヤさせながら、無口になり、弱気になって登校拒否、友人拒否をはじめたレナルドの姿は、憎らしい夫のイメージと重なってしまうためもあって、母親は何かとレナルドに当たりちらし始めました。これまでは、夫に当たっていたものが、別居して以来、当たりちらす相手が息子になってしまったのです。そのうち、レナルドが自分の部屋から出てこなくなり、トイレに行くにも、自分の姿が人に見られないように、ころあいを見はからって、かけ込むにいたりました。

思いあぐねた母親は、父親に電話で相談のうえ、レナルドを精神科医に診察してもらいました。その結果、しばらく小児病棟に入院した後、父親と生活する方がレナルドのためになるだろうという方針がきまりました。レナルドは、父親との男世帯で家事も分担し、学校にも再び通いはじめるようになりました。放課後は、主治医の推薦する市営の学童クラブで過ごします。そこには妹のメアリーも通ってくるので、妹ともつき合えるわけです。夕方、勤務をおえた父親が早く迎えに来る日は、メアリーは父親とちょっとした会話を交わしたりできます。別居後勤めはじめた母親が、早く迎えに来る日には、前日焼いたパイとか、ミートローフなどレナルドの好物を、レナルドたちの夕食用に彼にことづけたりもします。レナルドと別居するようになってから、母親は、自分がレナルドをより静かにうけ入れ、愛情を積極的に表現できるようになったと喜んでいました。

夕方まで、レナルドとメアリーが過ごす学童クラブには、別居中の両親や離婚が成立した両親をもつ子どもたちが、たくさん通って来ます。一九七〇年のころ、ペンシルベニア州には、こういう公営私営の施設が、ちらほらとできはじめていました。そこで、小学校高学年から中学までの子どもたちは、自分の経験や悩みを語り合ったり、一緒に学校の予習復習をやったり、ピアノのレッスンのおさらいをしたり、自由に遊んだりするのです。そこには専門のカウンセラーと、ボランティアの、二十代のお兄さんお姉さんがいて、集団生活の介助をしたり、スポーツのコーチをしたり、悩みのきき役になってくれたりします。

レナルドも、メアリーも、夕方、それぞれの家に帰ると、食卓での話題は、学童クラブの友人の人柄についてとか、若いボランティアのお兄さんお姉さんの言動に対する批判とかになってきました。父母の不和や離婚に何かととらわれ、こだわっていて、話題も少なかった夕食のふんいきが明るくなったそうです。その後、母親とメアリーは別の都市に引越して、年に一度くらい、メアリーが父親をたずねたり、レナルドが母親の家に来たりして、兄妹のつき合いもつづいています。

アメリカという国は、社会事情の変遷に応じて、すぐ対症療法的な対策を実践しはじめる傾向があるようですが、まさにこの学童クラブもその一例でした。とにかく、こういう施設が必要だから、直ちに発足させようというわけで始められたばかりのときに、レナルドとメアリーは入会しました。子どもたちとしては、新しくできた施設の欠陥を発見し、指摘することが、今後の改善のために「貢献する」ことになると信じているので、しばらくの間いろいろ議論するタネにこと欠かなかったようです。

一九七〇年には、ニューヨークのリチャード・A・ガードナーという小児精神科医が『パパとママの離婚』(深沢道子訳　三笠書房　一九七二年)という子ども向けの本を出しました。それまでは、離婚した親に対して、子どもをどうあつかうべきかを書いた本はあったのですが、これは子どもに読ませる本としての第一号なのだそうです。一九六〇年代に子どもの問題がますます深刻化したことの反映といえましょう。この本は、親が離婚した場合、子どもとしてどのように父や母とつき合ったらいいのか、また、自分の心の動きをどう見つめればいいのかと、やさしく書いたハウツウものです。これを読むと、親が離婚した子どもたちが、どんな種類の悩みにおちいりやすいかとか、親が子どもを扱うにあたって、どんなあやまちをおかしやすいかなどがわかります。

それと同時に、アメリカ中流の人びとが、個人のプライバシーとか、個人と個人の人間関係のありようを、どのようにとらえているかということも、少しずつ理解できてきます。そして、私はバーバラの子どもたちや、レナルド兄妹の生活について、不可解に思えた点が、アメリカ人の考え方の枠組の中で了解できるようになりました。

24　ディズニーランドの文化

一九七六年の九月から、アメリカ・フィラデルフィア郊外にあるブリンマー大学で、二学期間、主人と二人で、大学院学生の指導を引き受けてくれないかというお話をいただいたのは、前年の暮れのことでした。主人の仕事の予定や、やっと保育園に入れていただけた息子を退園させなければならないことなど、なかなか決心がつかなかったのですが、私が大学院時代にお世話になった母校のお手伝いをする絶好の機会でもあるということで、一家三人で渡米することにしました。

九月で三歳になった息子は、ブリンマー大学が経営している保育園に入ることになりました。日本語がわかりかけて、おしゃべりの楽しみを覚えはじめた彼が、英語ばかりの保育園に入って、どんなようすを示すだろうかということが、私たちの心配のたねでした。

そこで、まずハワイで三泊して、日系人のお友だちのお子さん方と遊んでいただき、日本語と英語のまざった会話にふれさせることにしました。それからロサンゼルス郊外のディズニーランドで、アメリカの子どもたちにおなじみの、ミッキーマウス、ドナルドダック、グーフィー、プルートなどに深い親近感をもたせたうえで、東部の任地へ行くことにしようと、ゆったりとした旅程を組みました。

ハワイの三世のお友だちのところでは、日本から輸入した「ゴレンジャー」や「ライディーン」がテレビの人気者で、アカレンジャー、アオレンジャー、キレンジャー、モモレンジャー、ミドレンジャーの人形たちに迎えられて、息子はとても興奮してしまいました。ロサンゼルスにお住まいの日本人のお宅でも、坊やたちのアイドルはゴレンジャーと勇者ライディーンで、親たちは目をまるくしたり、息子の楽しげなようすにほっとしたりしました。

さて、ディズニーランドへ着いてみると、夏休み中のこととて、たいへんなにぎわいでした。人気のある呼びものに乗るには、長い行列をつくって十五分ぐらい待たねばなりません。でも、すべて回転を早くして、お客の流れをさばくように工夫されているので、私の旧式な感覚からすると一時間くらい待たされそうに見える行列でも、十分か十五分で自分の番が来ました。

ディズニーランドは、子どもたちだけの楽園なのではなく、恋人たちや、老人夫婦も心から楽しんでいるようでした。しかし、なんといっても、お客の中心は子ども連れの家族です。しかも、お年よりを含めた三世代の家族が目立ちます。お年寄りはミシガンから、若い親子はテキサスから、自動車やキャンプ用のトレーラーでやって来て、ここディズニーランドで落ち合い、自炊しながら、心ゆくまで遊園地を楽しんでいるといったようすでした。

ディズニーランドの入場料は、一日一回払えばあとはその日のうちに何回も出入りできるのですが、その一回の代金が五ドル（当時約千五百円）とかなりお高いのです。そのうえ、馬車や消防自動車にのれば、おとなも子どもも一人十セント、白雪姫のお城や象のダンボの飛行機は五十セント、遊覧船コロンビア号やディズニーランド鉄道は七十五セント、幽霊屋敷や、「世界は小さい」は九十セント、といった具合に、ずい分お金を使うことになります。もちろんお徳用のクーポン券セットもありますが、広いアメリカのあちこちから、それぞれに貯金をして、この日のために備えていたといった風体のお客たちが、「一生一回のディズニーランドなんだから、どんなに待っても、カリブ海の海賊船に乗らなければ」、「美しいアメリカを見ておかなければ」と、八月の炎天下、秩序正しく行列に並んでいる姿は、興味深いものでした。

子どもたちに「順番をきちんと守りなさい」としつけているアメリカ人の親が多い中で、スペイン語をはなしている父親が、行列にわりこんでアイスクリームを要領よく買って来た十歳ぐらいの子どもをほめています。七歳ぐらいの女の子に、スペイン語で「あそこに早くわりこみな。しばらくしたら、おいら皆で、いくから、お前が、まず、わりこんで、立つんだよ、さあ」とけしかけている母親もいます。それを見とがめた人たちが、「だから、あいつらはしょうがないんだ」とカンカンにおこっている情景にふれると、アメリカの多民族問題の根深さをあらためて痛感させられました。

一日一ドルで借りられる子ども用や、おとな用の車イスが、ふんだんにあるので、足の不自由な人や、いかにも病人に見える人も、それぞれに楽しんでいます。五、六人の老人のグループが、二台の車イスをワリカンで借りて、交代で乗ったり押したりしている姿もほほえましいものでした。水飲み場やお手洗いがいたるところにあり、そのすべてに車イスの人に対する配慮が見られます。

ディズニーランドのまわりを走る汽車から見える景色の舞台装置をはじめとして、すべての遊び場が、限られた空間を心理的に広く見せるように工夫されているのにも感心しました。

プルートやミッキーマウスの等身大の縫いぐるみに入っている係の人や、汽車の車掌さんの係の人たちが、すました顔をして、それぞれの演技に徹しているのにも感心しました。この人たちのまじめな演技があるからこそ、人びとが三日、四日とディズニーランドに入りびたることができるのでしょう。ディズニーランドの盛りだくさんの出し物とて、ちょっとさめた目で見てしまえば、ほんとうに浅薄で他愛ないものといえます。しかし、この従業員のまじめさに加えて、お客の方も、「これだけ大枚をはたくのだから、楽しまなければ」という気持ちも手伝ってか、従業員の演技に乗って、楽しみ合うのです。お客のそういう反応があるから、従業員も、演技のしがいを感じるのかもしれません。こういうまじめな演技を学齢前の子どもたちは、心から楽しんでいるようで、私どもの息子も、ほんとうに喜んでいました。しかし、お客の大半を占めていたおとなたちのようすを見ていると、孤独なおとなが集まって来て、演技の上に楽しみを見いだしているような、そして、このほかに、これといった楽しみはないのだとでもいいたげなふんいきが漂っていて、寂しさを禁じ得ませんでした。

今回、私どもはディズニーランドのすぐそばにあるホテルに四泊してみましたが、これも息子と親のために良かったと思っています。飛行機に乗っていて、ちょっと興奮して大声を出すと、前後左右のお客からにらまれて、親としても「シーッ」といわなければなりませんでした。カフェテリアの食事にあきて、ちょっとおいしいものを食べたいと思っても、子連れで気兼ねしながら食事をするつらさにおじ気づいて、結局、カフェテリアに落ちつくといったのが、アメリカでの子連れの旅の常です。飛行機も汽車も、レストランも、ホテルも、おとなが静かに楽しむためにあるものであって、「子どもを静かにさせることのできない親は、そもそもそんなところに子どもを連れ出すべきではない」というのが常識になっているのですから。

ところが、ディズニーランドのまわりのホテルだけは、別天地でした。ホテルの最高のダイニングルームにも子連れで堂々と行けますし、廊下を子どもが金切り声をあげて走ってもいいし、どの食堂のメニューにも、お子さま用の一皿盛りがあるといった具合でした。でも、おとな用に伊勢海老《えび》のサラダがあるところでも、お子さま用一皿盛りは、ハンバーグステーキか、フライドチキンと決まっていて、やはり、おとな中心のアメリカ文化が顔を出します。

ホテルのドラッグストアで、ミッキーマウスのポスターに感激した息子が、「ママー、ミッキーマウスよ、今日歩いてるの見たでしょう」と大声をあげると、化粧品売り場の初老のおばさんが、「おやおや、ピーチクパーチク、かごの鳥みたいねえ」と皮肉をいいに近づいて来ました。そういわれては、息子を追い立ててお店を出ざるを得ません。ここにも限界というものはあるようです。

日本はやはり子連れで旅行のしやすい国だなとつくづく思いました。

25　文化のなかの教育　その一

1

文化人類学という分野では現実の社会に入りこんで実地調査を行なって得られる資料が学問の基礎になっています。

まず、調査に入るときは、対象となる社会において「その文化について教えていただく、その社会に住んでいるひとりひとりの人の生き方について教えていただく」という気持ちになるということが必要だと、私は信じています。日本の都市・農漁村や、アメリカの中流社会、フィラデルフィアのカルムック・モンゴルなどの調査をしているときには、私のこの態度が、インフォーマント（調査者に情報を提供して下さる人）のかたがたにも通じて、いつしか積極的に「教えよう」という態度で私に接して下さる人びとが多くなってくるのが常でした。そして、こうなった時点で、私は、「これで調査は軌道に乗ったのだぞ!!」と喜び、はりきるのでした。

こういう状況のもとで、私は、「教えよう・教えられよう」とする意識的行動は、人類にとって普遍的なものなのだろうと考えるようになっていました。ヒトが未成熟のままで出生し、その後の体験の蓄積によって、やっと成人するという生物として与えられた条件が「教えよう・教えられよう」とする意識的行動を、人類に普遍的な現象とする基盤となっているのではないかという説明も私には納得のいくものでした。ですから、調査にあたっても、調査をする私の方に「教えられよう」とする意欲と態度があれば、「教えよう」とする行動をインフォーマントの方からひきだせるのは当然だという気持ちでした。そして子どもが乾いた海綿のように自分の生まれた文化の中の事象を吸収するごとく、私も、調査対象となった社会のもつ文化を吸収したいと思いました。

さらに、研究のテーマとして、「特定の社会において、文化が世代を超えて、伝達される過程はどのようなものか?」とか、「個人が環境としての文化をどのように自分の中にくみ込んでいくのか?」というような問題を念頭におきながら調査を進めていた私は、その研究の一環として、大人や子どもの区別なく、「○○をあなたはどのようにしておぼえたのですか？　それを誰に習ったのですか？」といった質問をすることにしていました。この質問の中の○○には、職業上の技術や日常生活の習慣から「生き方」など抽象的なものまで、いろいろな事象があてはまります。そして、日本、アメリカ中流社会、カルムック・モンゴルのインフォーマントからは、その問いに対する、かなりくわしい回答が得られるのが普通でした。こういう回答の集積それ自体がその社会における個人の学習の過程の全貌を、伝えてくれるとは考えられません。観察や実験的なテストなどを用いて、インフォーマント自身の口から出た回答のもつゆがみやずれを確認しなければなりません。しかしこれらの回答は、少なくとも、個人が「私は○○を（誰々に）どのようにして習った」と意識しているかを示してくれます。人びとはこの意識を、たびたび自分の心の中で再確認したり、人との会話のさいに表現したり、ときには教えてくれた人に対して生ずる社会的義務を遂行したり、さらには、自分が人に教えるときに、教えられたことを反すうしたりしているのです。もちろん各個人が、自分のすることのすべてに関して「○○を（誰々に）どういうふうにして習った」ということを意識的に把握しているわけではなく、そこには本人にとって大事だと感じられていること、および、その社会において大事だとされていることなどを中心に無意識の選択が行なわれるようです。

次に、これらの社会では、たいていの人が「私は、誰々に○○を教えた」という体験を意識しています。しかし、「○○をどのようにして教えたか」ということを意識的に説明できる人の数は減ります。そして、「○○をこのように教えてみたらAという現象がおこり、あのように教えてみたらBの現象がおこった」というようなことまで説明してくれる人はより少なくなってしまいます。さらにより少なくなるとはいえ、日本人や米国人の中には、泳ぎ方の教え方（つまり水泳指導法の教育）など、「○○の教え方の教え方」を云々する専門家や非専門家が出てきます。

いずれにせよ、日本や、アメリカなどでは、「人が人から教えられる」ということと、「人が人に教える」ということが可能だ（すべての物事に関してではないにせよ、ある種の事ないしは多くの事に関して可能だ）と考えられ、かつ、必要であると信じられているのです。何について教えられ、教えるかという点や、どのようにして教えられ、教えるのかということについては、日本文化、アメリカ文化などにより文化差があるのですけれど……。

こういった具合に、私は、「教えよう・教えられよう」とする意識的行動は、人類に普遍のもの――つまり、どんな人間社会にも存在するものだと考えていました。ところが、ヘヤー・インディアンの人びととつき合ってみて、この考えを修正するにいたりました。そして、「学ぼう」とする意識的行動は人類に普遍的といえるが、「教えよう・教えられよう」とする行動は、絶対普遍のものではないと考えたくなってきたのです。さらに、現代の日本を見るとき、「教えよう・教えられよう」という意識的行動が氾濫しすぎていて、成長する子どもや、私たち大人の「学ぼう」とする態度までが抑えつけられている傾向があるのではないかしらという疑いをもつようになりました。しかし、現代のような分業のすすんだ技術社会である日本において、私たちの生活から「教えよう・教えられよう」という意識的行動を除いてしまったら、途端に日本文化は崩壊してしまうでしょう。けれども、同時に「学ぼう」という態度が阻害されていった場合、どういうことになるでしょうか。

こういった問題を念頭におきながら、しばらく日本をはなれて、私のヘヤー・インディアン調査の体験を書いてみたいと思います。

2

ヘヤー・インディアンの社会では猟は父親から息子へ、皮なめしは母親から娘へ、霊力のもち方については強いシャーマンから若い男女へ、英語の会話力は英語の上手な者から英語を知らない者へと教えていくのだろうというのが私の初期の推測でした。しかし、この推測は見事にはずれたのです。

驚きは、一九六一年夏の三か月にわたる予備調査のときから始まりました。総人口三百五十人ほどのヘヤー・インディアンのうち、若者たちの中には英語を話す人もいます。彼らに、「英語は誰にならったの？」と聞くと、「自分でおぼえた」という答えしか返って来ません。「どういうふうにしておぼえたの？」と聞くと、「そりゃあ、しゃべってみるのさ」ということです。ムースを射とめて来た男に、「ムースをどうやって射とめるかを教えてくれた人は誰なの？」と聞くと、「え？　自分で上手になったのさ。初めてムースを射とめたのは十五歳のときだったよ」といった具合です。ムースの皮をなめしているおばさんに「このなめし方をどういうふうにしておぼえたの？」と聞いてみると、またしても「自分でおぼえたんじゃよ」という答えです。そして、誰も彼も、「なんて馬鹿なことを聞くんだろう」といった調子の答え方なのです。

私は、「こういう答え方は、今まで聞いてみたインフォーマントの個人的な性格からくるものなのかしら、ちん入者のような見なれぬ私に、好奇心をもって接触してくるのは、ヘヤー社会の変り者かもしれない。もっといろんな人に聞いてみなければ」と考えました。そして、一九六二年六月から六三年一月にかけての本調査のときにも、この質問をつづけてみました。英語で聞くときには、

"From whom did you learn how to……?" (だれに習ったの?)とか、

"Who taught you how to……?" (だれから教えてもらったの?)

とかいう表現を使うわけですが、この質問はヘヤー語には翻訳不可能だということがわかって来ました。「だれだれから習う」、「だれだれから教えてもらう」という表現がヘヤー語に見つからないのですから、ヘヤー語で聞くときには「どのようにして○○をおぼえたのですか?」とか、「どのようにして○○ができるようになったのですか?」というような表現を用いなければなりませんでした。しかも、それはたいへん無理なヘヤー語の構文となってしまいます。そして、インフォーマントから返って

くる答えは、あい変らず、「自分でおぼえた（I have learned by myself!）」の一点張りなのです。

おとなの使う斧を上手にふりおろしながら、丸太をこまかいたきぎ用に割っている六歳の子どもにむかって、「どうやってそれをおぼえたの？」ときくと、彼女は「自分でやっているのよ」と答えました。私のへんなヘヤー語が通じなかったのかもしれないと思って、そのあたりにいる兄や姉や年上のいとこたちに「だれが斧の使い方をあの子に見せたの？」と聞いてみると、「あの子が一人で遊んでるんだよ」と答えられてしまいました。

こういう質問をくり返すと同時に、彼らの生活をつぶさに観察していますと次のようなことがわかってきました。ヘヤー・インディアンの文化には、「教えてあげる」、「教えてもらう」、「だれだれから習う」、「だれだれから教わる」というような概念の体系がなく、各個人の主観からすれば、「自分で観察し、やってみて、自分で修正する」ことによって「○○をおぼえる」のです。

自分のまわりにいるおとなや友人やいとこやきょうだいたちの猟のしかた、皮のなめし方、火のつけ方、まきの割り方、カヌーの作り方、笑い方などをじっくり観察し

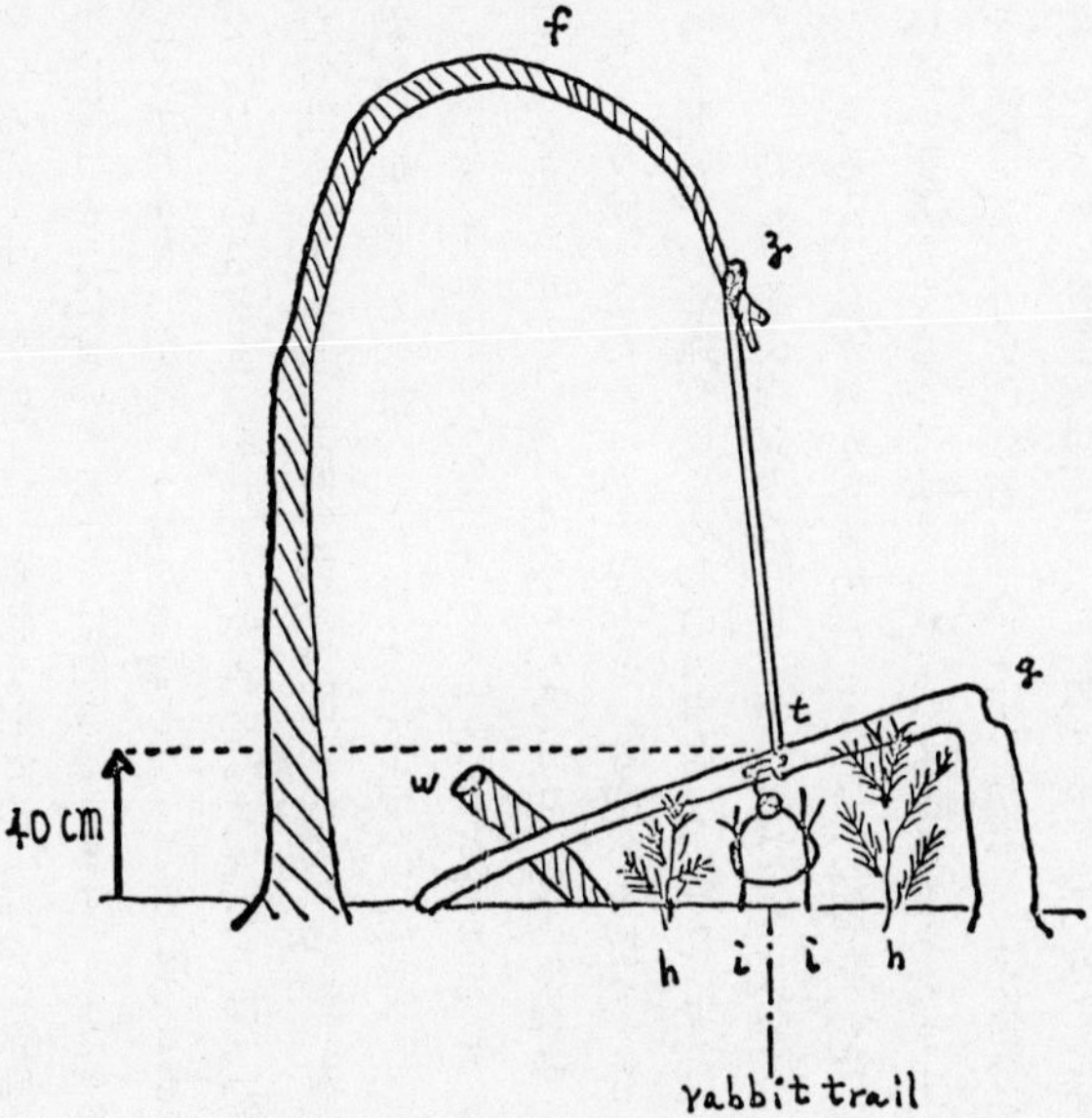

ウサギとりのワナ。林の中でウサギ道が見つかると、それに直角にワナを仕掛ける。適当な立ち木（g）を折って、重し（w）をのせ、ワナの台とする。それに紐のワナをひっかけて、バネ用の生ま木（f）につなぐ。ウサギの頭が通るよう輪を丸く保つために、小枝（i）を輪の両端に立てる。ウサギが輪に入ると、割り箸を短く切ったような木片（t）にひっかけてある紐がはずれて、バネ用の生ま木の先端（z）がハネあがり、ウサギは宙に浮くのだ。

ているのです。男の子は、獲物を射とめて帰った猟師が微に入り細にわたって語る狩の自慢ばなしに食い入るように聞きほれます。また、自分が下手な射とめ方をしたら、どこがおかしいかという点が、噂となって自分の耳もとにとどいて来ます。女が皮をなめしているとき、それをながめている人たちは、「液には何を入れたの？」といった質問もしますし、「肩の部分は固いねえ」といったようなコメントも発します。しかし、批評する側は、それによって当人に注意を与えているわけではなく、当人も「ではどうすればいいのですか？」などと聞き返したりはしません。批評する側は、「それを当人がどう受けとめるだろうか、私の批評が当人の次の猟や皮なめしの作品にどう反映するだろうか」などという関心を持ってもいないのです。ただし、批評や噂を聞いている猟や皮なめしの当事者は、それによって、自分のやり方に修正を加えたり、新しい工夫を試みたりしていくのです。

もちろん、私が外から眺めたとき特定の個人（X）のくせや、やり方が当人（Y）に強い影響力をもって伝えられていることもあります。しかし、XもYも、そのことを意識していないのが普通で、二人とも、「Yが自分でおぼえた」と思っているのです。こういう社会では、「誰かに教える」ということすら考えられないことなのです。

夫の射とめたムースの皮をなめすには、まず、毛を剃らなければならない。ムースの毛皮は防寒具に用いられる。夏とれたムースは、腐らないように手早くなめさねばならぬので、女は睡眠も赤ん坊の世話もそっちのけで働く。

26 文化のなかの教育 その二

1

さきにのべましたように「人に教える」ということが、ヘヤー・インディアン文化の概念の体系の中には含まれていないのです。したがって、「教え方の上手・下手」などを評価しようということもありません。ただ、ものをおぼえる側の「おぼえ方の上手・下手」があるだけです。しかも、「おぼえ方」を教える者はいないのですから、「自分でおぼえる」以外には、ものごとを修得する道はないのです。

右の事実からもおわかりのように、ヘヤー社会には「師弟関係」というものも成立しません。「師弟関係」が成立するには、第一の条件として、当事者たちが、「教える・教えられる」という行動が存在することを、意識していることが必要です。さらに、第二の条件として、「教える者」と「教えられる者」の間に相互に期待される意識や行動に関して約束ごとをもっていることが必要です。

人びとの間に「師弟関係」が成立しているような社会において、第一の条件の内容、つまり、「教えるとは何か」、「教えられるとは何か」、「何について教えるべきだと考えているのか」、「実際に、何について教えているのか」などの点で、文化差があることは、ご承知のとおりだと思います。このような点で、ドイツ、アメリカ、中国、フランス、日本などのお国柄による差があるということや、同じ国の中でも時代差が見られるということです。さらに、第二の条件の内容、つまり、「教える者と教えられる者の上下関係が全人格的なものと考えられているのか、それとも、特定の事象に関してのみ、その人間関係が成立していると考えられているのか――たとえばピアノの先生がレッスンが終わった途端にお友だち同士になるかどうかといったような――」、「師弟関係は一生つづくものなのかどうか――幼稚園時代の先生が結婚式やお葬式までの人間関係を保つのか――」といったような点などに関しても文化差が存在すると考えられます。そして、このような点に関する文化差を比較することも興味ある問題だと思います。

しかし、ヘヤー・インディアンの社会で、私の前に展開された現象は、「師弟関係」以前（?）の問題を提示しているのです。

ヘヤー・インディアンと白人との接触は一七八九年のマッケンジー卿の探検に始まり、一八〇六年にはノースウエスト会社の毛皮交易基地が建設され、その社員二人〜四人（おもにスコットランド人）がヘヤー・インディアンの狩猟域に常駐するようになりました。そして一八五九年にカトリック教会がたち、歴代の神父たち（フランス人、ベルギー人、アイルランド人など）がこの地域で狩猟、漁労をしながら生命をつないできました。一九五〇年以降になると交通機関が発達して、これらの白人たちは、会社や教会の本部から支給される缶詰その他の保存食を用いるようになり、猟や漁に依存することはなくなったのですが、それ以前は、この地に生活する者は、インディアンであろうと神父であろうと、おもに自給自足の生活を営んでいたわけです。

二〇世紀前半にこの地域に赴任していた神父さんたちを、カナダの各地にたずねて、「当時、どうやって猟をしていましたか」という質問をすると、その答えには、「私がベルギーから、フォート・グッド・ホープ（ヘヤー・インディアンの狩猟域内で教会やハドソン湾会社の建物のある所）についたばかりのときは、ジョシュア（インディアンの男）とよく猟に行ったものだ。彼が私の先生ですよ」とか、「私がフランスから着任したばかりのときは、アイルランド人のブラザーが猟に出かけて肉をとってきてくれたのだが、そのブラザーが病気になってから困った。その時から、ジャン・バプティスト（インディアンの男）と猟に行くようになって、彼を先生にしてブッシュ（タイガの自然）について学んだものでした」というような話がかならず含まれていました。私の方から、「猟を誰に習ったのですか」と聞くまでもなく、「誰から教えられた」ということを答えられてしまうのです。そして、当のジョシュアや、ジャン・バプティストは、自分が、それぞれ、神父さんに「教えた」とはつゆ思ってはいないのです。彼らは、「神父さんたちと一緒に猟に行った」と思っているのです。

この神父さんたちにしてみれば、ジョシュアや、ジャン・バプティスト以外の個人からも猟に関する情報を得たでしょうし、さらに自分一人で体得したものごともあるはずです。それなのに、特にジョシュアやジャン・バプティストから習ったというように特定の「先生」を指して、感謝の気持ちをこめて回想するのです。その時の表現は、自分の猟に関する学習体験全体を導いてくれた者としての象徴的意味を、ジョシュア個人、あるいはジャン・バプティスト個人に集約しているとさえいえます。そしてこれらの神父たちは、ジョシュアやジャン・バプティストに対して「教えてくれた人」に対する敬意をこめた親近感（「自分の教区の者」という感覚とともに）を持っています。

ヘヤー・インディアンであるジョシュアやジャン・バプティストは、これらの神父さん方に親近感を持っていますが、その気持ちは、「しばしば一緒に猟をした人」に対して持っているのであって、「自分が一から教えてやった者」に対して持っているのではありません。つまり、この場合、相互関係としての「師弟関係」は成立していないのです。

2

ヘヤー・インディアンの生活について調査を進め、考えているうちに、私は次のような解釈に到達しました。

「教える」、「教えられる」という概念がない、ひいては「師弟関係」などが成立しないという、このヘヤー文化の基盤には、「人間が人間に対して、指示・命令できるも

夏のはじめ、カヌーのキャンバスをはりかえて、その上に、ペンキを塗り防水をする。

のではない」という大前提が横たわっているのです。ここでは、親といえども子に対して指示したり命令したりすることはできない、と考えられているのです。人間に対して指示を与えることのできる者は、守護霊だけなのです。

そして人と人との関係においては、ものごとは、「自分で（守護霊の指示のもとに）おぼえる」以外はないのです。このようなヘヤーの論理を、私の心の中でつなぎ合わせ、その論理に照らしながらヘヤー・インディアンの具体的な言動を見てみるとつじつまの合うことが多いのです。こうすることによって、私は、前に述べたような「驚き——カルチュア・ショック——」を、いちおう静めることができるようになったと思います。つまり「〇〇を誰に習ったのですか」という質問がヘヤー社会においていかにナンセンスであり、「自分で覚えたのさ」という回答がいかに当然であるかということについての納得がいくようになってまいりました。

では、ヘヤー社会で「自分で覚える」とはどういうことなのでしょうか。

3

「自分で観察し、やってみて、自分で修正する」ことによって「○○を覚える」というのがヘヤー方式です。それがどういうことなのかを示す具体的なエピソードを、まず紹介しておきたいと思います。

一九六二年の六月に調査を始めたときのことです。ここではみな夏の初めから冬じたくにとりかかります。六月に湖や河の氷がとけ、とりどりの花が咲いて一気に夏がやってきます。しかし冬の足ははやく、九月の一日ごろには初霜がおり、九月中旬には初雪がふります。ですから六月の終りまでにマクラック（やわらかい皮の長靴）はAさんに、ミトン（防寒用の大きい皮手袋）はBさんに、ダッフル（マクラックの中にはく軽いフェルト製の長靴型の保温ばき）はCさんに、かんじき（雪の道を歩くとき足が雪の中に沈まないように、雪の上を浮いて歩けるようになっているスキーみたいなもの）はDさんにと、作ってもらうお願いをしました。

それぞれの人が、自分たちの冬じたくの合い間に私の冬物を作ってくれているようすでした。いちばん手がかかり、時間もかかったのが、かんじきです。幅広でたてに長いかんじきは、白樺の木わくの中に半なめしの皮を細長くひも状にしたバビシュが網状にめぐらしてあります。足をのせるところには長い布ひもがついています。これができ上がったのは紅葉の美しい九月の初めでした。そのころ、私は、厳しい冬をテントでキャンプしながら獲物を追いもとめるこのヘヤーの人びとと共に、自分がはたして越せるのだろうかという一まつの不安を持っていました。そして、越冬のための心と身体の準備は冬の来る前からやっておかねば、と何度も自分にいいきかせていました。そんなある日、私のかんじきを手にして考えました。

「さて、冬になって、雪の上をこれでどうやって歩くのだろう。森林の細い道を曲がったり、Uターンするときは、こんなに長いスキーみたいなものをどうさばくのだろうか、いざ冬になって、さっさと速く歩けなかったら、皆におくれてしまうだろう。冬の遠出で足がおそいとおいてきぼりにされる。そして、そんなやっかい者は、誰のキャンプにも入れてもらえなくなるだろう。ここは、誰にとっても『お荷物はご免』という社会なのだから。さあ、今のうちにかんじきで速く歩く練習をしておきたいものだ」という気持ちになったのです。

そこで、かんじきを雪のない土の上に持ち出し、Dさんにむかって、「かんじきのひもの結び方、歩き方を覚えたい」と教えをこう気持ちでヘヤー語で話しかけました。するとDさんとまわりにいた老人たちが大笑いを始めました。それは「雪もないのにかんじきなんて!!」というトンチンカンな組み合せに対する笑いなのでした。そこを中学の教課程を経ている少女が通りかかったので、今度は英語で、「ね、教えてよ」というと、「こんなことは、教えたり教えられたりするものではないわよ。冬が来て、雪が降って、自分ではいてみればわかるわよ。そして歩くのよ」とやはり相手にしてくれません。そのうちに人びとの間では「ヒロコと土とかんじき」という三題噺《ばなし》ができてしまいました。私の方は、冬になる前に、ヘヤーの世の中からほうり出されてしまったような愕然とした気持ちになってしまいました。

しかし、あっという間に冬が来て、人がかんじきをはき始めると、私は目を皿のようにして、人の足もとや足はこびを観察しました。そして、いろいろなひもの結び方を試みながらテントのまわりをぐるぐる歩いて、まだ浅い雪の上でトレーニングをしました。片足をピュンとはねあげて、他の足を軸として、身体をくるっとねじってUターンする方法も見よう見まねで覚えました。

「土にかんじき」の笑い話を伝え聞いていたおばあさんが、「雪にかんじきならさま、になる。ヘヤー・インディアンになったかね」といってまた大笑いしました。

こうなると、「かんじきのはき方を誰にならいましたか」と聞かれた場合、私だって、「自分で覚えたんです」と胸を張って答えるほかありません。

秋のはじめ、雪のない土の上で、かんじきをはいてみるなんて〝馬鹿なことさ〟とおどけてみせるおじさん。

27　文化のなかの教育　その三

1

また、こんなエピソードもあります。ある日、ヘヤー・インディアンのメリーとその三歳の娘ルーシーが、私のテントに一緒に住むことになりました。はじめての食事のときには、私がぜんぶ準備をしました。その次の食事はメリーがしておくというので、私は別のテントにインタビューに出かけました。その仕事をすませて戻ってみると、兎のラード焼のおいしいにおいがします。私がいつも一人でそうしていたように、アルミニウム製の小型トランクを食卓にして、その上に塩、胡椒、スープ皿、スプーン、バノック（かたやきのホット・ケーキ風パン）の皿、バターがおいてあります。これらのものが、さきほどの食事のときに、私がおき並べたのとまったく同じ位置においてあるのです。スプーンをひとりひとりに配らずに、きちんと三つ重ねておいたところまで寸分たがわず同じなのです。これには驚いてしまいました。メリーが、私のテントで食事をするのは、その日が初めてなのに、ぴたりと、鏡のように覚えこまれたのです。

一般に、ヘヤー・インディアンの人たちは、景色や、ものの形など、視覚にうったえるものを記憶する能力が高いように思われます。この資質は、たしかに、「自分で覚える」ためには、そして、特に狩猟採集のなりわいのためには、持ち合わせるに越したことのないものです。ところで、この能力は、「自分で覚えねばならない」必要性から、生理心理的におのずと個々人にそなわってくるものなのでしょうか？　それとも、この能力を体得するについて、まわりにいる人間が与える刺激（「教える」ことはしないまでも）があずかって大きな力を持っているのでしょうか？

ヘヤー・インディアンがあるものをよく観ているかどうかに関して批評したり、逸話の中でふれられたりする例には、私は接していません。ここでは、「よく観る」ことは当然であるかのようにあつかわれていると私は感じます。しかし、これは「遺伝」によるものでしょうか？

これらの問いに対して、私は回答を持ち合わせていません。ただ、現在の私の知識からすると、ヘヤー・インディアンの「よく観る」能力は、その重要性が文化の体系の中に組み込まれていて、個人に、その能力の体得を要請しているものであると考えたいのです。だから、二、三世代のちに、大きな生活様式の変化が起こった場合、彼らの中には、「よく観る」能力を持ち合わせない個人が出てくる可能性があるように思われます。

さて、さらにエピソードを続けて紹介しましょう。

2

テントで、私が何げなくおしゃべりをしながら、折鶴を折っていると、十歳前後の子どもたち（女の子が多かったのですが、男の子もいました）がとてもおもしろがりました。そして、「もう一つ折ってくれ」と何度もいうのです。何羽も折っているうちに、「紙をちょうだい」といって、自分で一生懸命に折り始めました。けっして、「初めにどうするの？」などと聞いてきません。「もっとゆっくり折って」とも、「これでいい？」ともいいません。「教えてよ」といわないのはもちろんです。いろいろやってみて、自分で、「これでできた」と思うときに、私のところに見せに来るのです。そして私が、「この鶴は疲れてるみたい」とか、「これは、遠くまでとびそうだ」とか「きれいね」とかいうのを楽しそうに聞いています。

そして彼らは、「ヒロコが作ったので、自分も作った」と思っているのです。何羽も何羽も鶴を折ったあとで、子どもたちは「ほかに何か作れるか？」と聞いてきます。「こんどは違ったものを教えてよ」とはいいません。

こういうことは、私が、アメリカのフィラデルフィア近郊やピッツバーグ市の中流家庭でベビー・シッティングをしながら折り紙をした時の体験とはずい分違っていて、興味深く思いました。一九五九〜六二年当時、Origami は今日ほどアメリカで普及はしていませんでしたが、アメリカの子どもは、私が二、三羽仕上げるか仕上げないうちに、“May I make a crane (swan) ?”（ぼくも鶴を折っていい？）とか、“How do I fold this?”（これはどうやって折るの？）とか、“What do I do next?”（次はどうすればいいの？）とかいう子どもが多いようでした。私の折り進み方がちょっと早いと“Do slowly please”（もっとゆっくりやってよ）とか“Oh, you go too fast”（早すぎるよ）といって、自分のペースに私を合わせようとします。ヘヤーの子どもたちが、私の折り進み方のペースをあるがままにまかせているのとは対照的です。

さらに、ヘヤーの子どもたちは、折鶴をたくさん自分で折ってみて、その折り方をものにしたと思われるころ、はじめて、「ほかに何が作れる？」と次のものへの興味を示す場合が多いのですけれど、私の接したアメリカ人の子どもの中には、ヘヤー・タイプの着実型のほかに、自分で一羽か二羽折ると、すぐ"Can you make something else?"（他にも何か折れる？）とか、"Show me something else?"（他のも教えてくれる？）とか"I want to make a Christmas tree"（クリスマス・ツリーを折りたいな）などといい出す、せっかち型や創造型の子どもたちがいました。（注1）

（注1）　この点、ヘヤーとアメリカ中流の子どもたちの個人差の幅を比べると、アメリカ人の方が、このようなさまざまなタイプの反応を示し、ヘヤー・インディアンの子どもたちは一様な反応を示したように思います。

この差は、総人口三三〇人のヘヤーと、巨大な人口をもつアメリカ中流層という集団の大きさのちがいが要因となってもいるでしょうが、なお、それよりも強く両者の文化の構造上の問題から生ずるように思われます。つまり、ヘヤー式学習というのが、ヘヤー文化の構造上の強いかなめの一つであって、ヘヤー文化をになう者のすべてに要請される行動様式であるのに対し、アメリカにおいては、〝個人が目的達成への意欲を示すこと〟は中流文化におけるかなめの一つとして大切であり、万人に要請されますが、そのかなめも個人の行動にその人の性格をより強く反映しうる程度のゆるいかなめだといえるかもしれないのです。

一口にいうと、アメリカ人の子どもは、ガヤガヤとおしゃべりしたり、質問を連発したりして、騒がしく、折り紙を覚えていきます。そして、子どもと私との交流の中で覚えていくのです。しばらく時間をおいてその子どもに再会すると、折鶴の折り方そのものは忘れているけれど、私が折鶴を教えてくれた人だということをよく覚えているといった場合も少なからずあります。

ところが、ヘヤーの子どもたちが、折鶴を覚えるときには、その紙と子どもの間に強い交流が存在するのであり、彼らは、私と紙との間にある交流（つまり私が折紙を折っている状況）を、自分で再現しているといえると思います。ですから、子どもと私の間の交流は彼らにとって、主観的には重要でないのです。

折り紙の例からもヘヤー・インディアンのいう「自分で覚えた」の内容が少しわかってきたようです。さらに例をさがしてみましょう。

ヘヤー・インディアンやその近隣のインディアンの子どもたちの中には、イヌーヴィクというマッケンジー河口の町にある寄宿学校（一〜九年生）に行っている者があります。そこには、カナダの北極海沿岸西部に住むエスキモーの子どもたちも来ています。そこで教えている先生の話では、手工にせよ、計算にせよ、エスキモーの子どもたちはちょっとやってみて、下手でも間違っていても、その結果を先生のところに持って来て、「これでどうですか?」ときくそうです。先生は、それを見て、「よろしい」とか、「次にはここに気をつけなさい」といってあげます。そして、そのときの励ましが影響して、エスキモーの子どもははりきって覚える者が多く、一般に進度が早いということです。

ところがインディアンの子ども、中でもヘヤーの子どもは、先生が「どう、できは?」と聞くと、にたっと笑うだけで、自分で納得するまでは先生のところに計算の紙や、手工の作品を見せに行きません。しかし、いったん持ってきたときにはかなり

手製の弓矢でキャンプ仲間の年下の男の子たちと遊ぶ９歳の少女。この少女は、父と二人で夏のフィッシュ・キャンプに来ている。そして、父の獲る魚をひらいて燻製にしたり、薪を割ったり、父のパートナーをつとめる。彼女の母親は夫を避けて交易所に残り、毎日、酒びたりになっていた。

よくできているし、手工などでは傑作がよくあるとのことです。しかし、大勢のクラスの中では、教科の進み工合はエスキモーにおくれてしまい、とりのこされがちだということでした。

つまり、白人の先生にとって、エスキモーは教えやすく、ヘヤー・インディアンは教えにくいというのです。逆にいうと、「学校」というシステムの中で、エスキモーの子どもたちは、「教える」という役割をもった先生を使いこなし（注2）、ヘヤーの子どもたちは、それができなかったともいえます。

（注2）だからといって、これらのエスキモーの土着文化の中に「教える」、「教えられる」という概念があったというふうに結びつけてよいかどうかを、私はまだ知りません。エスキモーが白人の学校システムに適応しやすいような他の文化的要因に引きずられて、このような現象が起こっているかもしれないからです。たとえば、かりに「私は今、これをしているのだ」ということを自分のまわりにいる他の個人に見せることが満足の源になっているのであれば、「教えていただこう」という気持ちがなくても、先生と生徒との教場（特に寄宿学校）での〝期待される〟相互関係が成立するからです。

白人社会との接触に際して、この地方では、エスキモーの方が早く機械をこなすようになっているとよくいわれますが、この現象には、イヌーヴィクの先生の観察に見られるような両者の差が要因となっているかもしれません。

つまり、折鶴や食卓の並べ方といったものごとは、「自分で覚える」ヘヤー方式で見事に習得されるのですが、無電装置の操作や修理、飛行機の整備、美容師の技術、看護婦としての技術など（これらは、一九六〇年にカナダ政府が、エスキモーやインディアンの若者に教えようとしていた技術です）は、教師に、一定の教課程をふんで教えてもらう方式の方が、能率的だからです。

ヘヤー・インディアンは機械いじりそのものがきらいなのではありません。ただ、その使い方を覚えるときの覚え方の好みが強いのです。もちろん、一九五〇年以降の学校教育の普及が、ますます進むにつれて、ヘヤー・インディアンの学習に対する態度は多少変化するかもしれないのですが。

3

以上のように、ヘヤー・インディアンの社会では、「自分で覚える」ということが強調され、子どももおとなも、「覚える」ことに関して自分のペースで対象に肉迫していきます。ここに、私どもは、狩猟採集文化に適合した教育システムの一例を見てきました。しかも、彼らのやり方はもう一つの狩猟採集民であるエスキモーのやり方ともちがっているのです。ともかく、ヘヤー社会もカナダ文明の一部として狩猟採集文化以外の文化形態をうけ入れざるを得ない時代に入っています。そこで、彼らも、ある程度、「順序だてて、人に教えてもらう」やりかた、つまり能率的(?)にものごとを覚えるという態度を身につけねばならなくなっていくでしょう。そうしなければ、白人社会により早く適応してゆく(人種差別をうけながらですが)エスキモーをはたで見ながら、よりみじめな境遇にうちのめされるかもしれません。

こういう状態にあるヘヤー・インディアンの将来を考えていくと長くなります。それはさておき、一九六〇年代の初期に私が接した「自分で覚える」ヘヤー・インディアンの個人個人が、おとなも子どもも、それぞれ、自信にみち、生き生きとしていたことが忘れられません。彼らは、自分自身で主体的にまわりの世界と接し、自分の世界を自分で築く喜びを知っている人間の美しさをもっていました。

日本に帰って来て、まわりを見まわしたとき、子どもも、青年も、「教えられる」ことに忙しすぎるのではないかと思うようになりました。もちろん、はじめに述べたように、私たちが住んでいる現代日本の文明社会においては、一定のカリキュラムにもとづいた教育が必要であることは認めます。しかし自分の心に浮かぶ好奇心を自分のペースで追求していくためのひまがない子どもが多いことは、悲しいことだと思います。

日本でも職人の世界では、「自分で覚える」ということを大事にしていたようです。しかし、現代ではこういう修業に耐える若者が少なくなって来ているということも、おもしろい現象だと思います。

幼時に「自分で覚える喜び」を深く体験している子どもだったら、中学や高校のカリキュラムに押されそうになる生活の中にあっても、自分の世界を築く自信を失わない十代を過ごし得るのではないでしょうか。

そのためには、「よく観て」、「自分でやってみる」という時間が必要です。そしておとなの側に、それを待ってやるゆとりが必要であるように思われます。

あとがき

「子どもをのびのびと育てるにはどうしたらよいか」といった発想からでしょうか、『のびのび』という月刊誌が一九七四年三月以来、朝日新聞社から発行されていました。

この本の大部分は、「子どもの文化人類学」という題で一九七五年一月から一九七六年一二月までの二四か月にわたって、『のびのび』に連載されたものです。それに、日本幼稚園協会から出ている『幼児の教育』（発売元フレーベル館）の一九七三年三、五、六月号に掲載された「文化の中の教育」という文章を加えて一冊の本として頂きました。

『のびのび』という雑誌は、一九七八年三月号で休刊となりました。こういう題の雑誌が編み出され、しかも五年しか続かなかったという事実は、今日の日本社会で子どもを育てることが、いかに大変なことと思われているかを反映しているように思います。

文化人類学という学問を職業にえらび、さまざまな文化の中で子どもがどう育っていくかを勉強していますと、人間の子どもというものは、どんな社会に生まれようとひじょうに幅広い可能性を内包しながら成長する力をもっていることが実感として迫ってまいります。大人は子どもが自ら育ってゆく力を信じて手を貸してあげられるだけなのではないかと思われます。

どんな子どもでも、その子ども一人にしかそなわっていない面白さや悩みや才能があって、それらの特性が子どもの人生のどの時機にどのような形で本人によって体験されるかは、親ですら、担任の先生ですらはかり知ることのできないもののようです。それなのに大人の側で、あまりにも強力な鋳型にはめようとすると、どこかに無理が生じます。一人ひとりの大人としては、子どもたちに、「自分はこうやって生きているんだ」ということを見てもらう以外ないのかも知れません。

「あなたは自分の子どもをどう育てているの？　ヘヤー・インディアンやアメリカやインドネシアの子育てを見ていて感心したことを全部とり入れているの？」とよく尋

ねられます。仕事と子育ての間で無我夢中の生活をしている私は、その問いにお答えする資格を少ししか持ち合わせていないようです。どなたか別の方が私の子育てを観察して下さって報告なさるべきことかも知れません。

ただ、いろいろな社会の子育てについて見たり聞いたりしていますと、子どもの育ち方は社会によって多種多様であり、また一つの社会の中でも百人百様であるということがわかってきます。そのおかげで、自分の子どもがちょっと変っていたり、ある面での発育が少しおくれていたりしても、あせらず眺める気持ちにさせられているようです。

よそさまの生活を見て感心することがあっても、日本人として育ち日本で生活している一個人としての私自身に実行不能なことも多いのです。私自身の子育ては、私にとって一番無理なく楽しいやり方でいくしかありません。ですから、息子は私に育てられることによって生ずる歪みも妙味も、もろに体験しているだろうと思います。

金沢でご主人の金箔作りを手伝っていらっしゃる宮崎登与子さんから、「丹精こめて作ったつもりの作品が、必ずしも思うような出来ばえにならず、さらりと作ったものが、分不相応によかったりする。我が子を育てるのも同じで、虚心に育てるしかない」というお話を伺って、ほんとうに感動しました。
ありのままの姿で子どもとつき合って、怒り、笑い、嘆き、恨み、感謝し、人生をより豊かにさせてもらうのが子育てなのでしょうか。

この本のもとになる原稿を書くようにおすすめ下さった朝日新聞社の上野武さん、お茶の水女子大学の津守真先生、『幼児の教育』の編集におあたりになっていた赤間峰子さんに感謝いたします。
そして、この本を作るために、細かく心を配って下さった晶文社の島崎勉さんに深くお礼を申し上げたいと思います。

原 ひろ子

解説　極北のインディアンの子どもたちを真剣に受け取る

奥野克巳

I

二〇〇六年以来私は、マレーシア・サラワク州（ボルネオ島）の熱帯雨林に住む狩猟採集民プナンの文化人類学的な調査研究を継続的に行なっています。後に『ありがとうもごめんなさいもいらない森の民と暮らして人類学者が考えたこと』（亜紀書房、二〇一八年）として出版する本のもとになるWEB連載の中で、実子と養子が入り乱れながら行なわれるプナンの子育てについてのエッセイを書く参考にしようと思って、『子どもの文化人類学』を初めて読みました。二〇一六年のことです。

かみ砕いて書かれていて読みやすいのに驚くとともに、すごく深く、とても大切なことが書かれていると感じたことを覚えています。中身は、実証的というよりも、直観的なものが多いように感じました。自分もこういう民族誌エッセイを書いてみたいものだとも思いました。

特に印象づけられたのは、フィールドにおいて人々から見聞きしたり、子どもたちの何気ない所作の中に感じ取ったりしたことを、問いとして、巧みに取り出してくる著者の感性と手さばきです。平易で読みやすく書かれていることは、こと、子どもという、人間にとって途方もなく大切な課題を、文化人類学やその周辺領域の専門家の検討事項に閉じておくだけではなく、広く一般の人たちの議論の場に開いていこうとする意志のなせる業であると感じられたのでした。

Ⅱ

本書は、原ひろ子による、子どもをめぐる文化人類学のエッセイ集です。月刊誌『のびのび』（朝日新聞社刊、一九七八年休刊）に掲載されたエッセイに、『幼児の教育』（日本幼稚園協会）に書かれた文章が加えられて、一九七九年にまとめられたものの文庫版です。

原は一九三四年に生まれ、一九五七年に東京大学教養学部を卒業し、一九五九年から六四年までアメリカ留学を経て、帰国後はお茶の水大学などに勤めました。『極北のインディアン』（玉川大学出版部、一九七九年。のちに中公文庫、一九八九年）『ヘヤー・インディアンとその世界』（平凡社、一九八九年）など多くの著作を出版し、二〇一九年に八五歳の生涯を閉じています。

アメリカ留学中の一九六一年から六三年にかけて、一一か月間にわたって原は、本書でも随所で取り上げられている、カナダ北西部のマッケンジー河と北極圏が交差する地域で、ヘヤー・インディアンの実地調査を行ないました。ヘヤー・インディアンは、極寒の気候条件の下で、ヘヤー（野ウサギ）などの乏しい食料源を求めてキャンプ生活をしていた狩猟採集民です。

本書では、ヘヤー・インディアンのほかに、原自身が一九六七年から六九年にかけて実地調査を行ったインドネシアのジャカルタ・アスリ（ジャカルタ生まれの人たち）やオラン・ジャワ（ジャワ人）、大学院生時代にベビー・シッターをする中で知りえたアメリカ東部の子どもたちや親子関係などが取り上げられています。また当時子育て中であった原のご子息と日本の子育ての話なども出てきます。加えて、夫であり文化人類学者であった原忠彦氏の調査地のバングラデシュの農村、文献から引用したイスラエルのキブツ、ニューギニアやアフリカの諸社会の子どもや親子関係の事例などが比較検討されています。

以下では、本書における論点を、六つに絞って考えてみようと思います。

Ⅲ

ひとつめは、子育ての根源に立ち返って考えてみることについてです。

本書は、四歳四か月のヘヤー・インディアンの女の子がたった一人で小さい斧を振り上げて、短い丸太を割ろうとしているエピソードから始まります。それを見て、原は思わず、危ないッ、と叫びそうになりました。

子どもが刃物をいじり始めると、ヘヤーのおとなは黙って見ていることが多かったと言います。ヘヤー・インディアンは、子どもにまず何が危険なのかを教えるのではなく、子どもが自らナイフを使えるようになるプロセスを重視しているようです。

極寒の厳しい環境では、人はいつ凍死したり、餓死したりするか分かりません。その意味で、ちょっとした傷などは大したことではないし、本人が注意深くやれば大事には至らないとおとなたちは考えているようなのです。ヘタをするとどんなに痛いか、まず子どもに試させてみるのが、ヘヤーのやり方なのだと原は述べています。子どもは独自に、自らやり方を考えて、成長するものなのです。

原は、インドネシアのジャカルタ・アスリの子どもたちにも目を向けます。そこでは人は一人で生きているのだと言います。ジャカルタ・アスリにとって、家族は運命共同体ではありません。家族が助け合うという考え方がないと言います。子どもはお使いを頼まれると、駄賃を浮かせるために値切ったりして、おつりをポケットに入れて日銭を稼ぎます。また、バングラデシュの農村では、男の子たちは小さい時からありのままのおとなの世界を見せつけられるのです。その真っただ中で、生活力を自分で身につけるようになるので、子どもたちはがめつく生きているのだと言います。

このように原は、世界各地で、子どもたちが、自由で独自に成長していくものだとされている幾つかの事例を紹介しています。では、こうしたことを話題とすることで、いったい何を言わんとしているのでしょうか？

日本の子どもたちに、ヘヤー・インディアンのように刃物を持たせて、使いこなせるまで放っておいたほうがいいと言いたいのでしょうか？ いえ、そうではありません。原の考えはこうです。

> ヘヤー・インディアンの子どもたちが、刃物を使いこなすありさまを眺めながら、次第に私は、「人間の子どもというのは、おそろしく幅広い能力と可能性をもっているものだ」という感慨を抱くようになりました。

原は、ヘヤー・インディアンの子どもたちを間近で見て、誰もが無限の能力と可能性を持ってこの世に生まれてくるというありのままの事実に気づくようになったのです。

ヘヤーの子どもたちは、刃物を使って「切ったり」「割ったり」することで、たしかに何かを「創る」ことを覚えていきます。日本人の子どもたちがあまりやらないことを、ヘヤーの子どもたちはやるのです。

ところが、ヘヤー・インディアンは、泳ぎに関しては皆目知りません。これは、日本の子どもと比べてみると、不思議に思えるかもしれません。泳ぐという項目が文化の項目の中にないため、ヘヤー・インディアンは泳がぬ、泳げぬおとなになっていくのです。

つまり、持って生まれた子どもの能力や可能性を、おとなたちは、特定の方向に伸ばしてやることもあれば、抑えてしまうこともあるのです。ヘヤーでは、刃物を使えるようになることを伸ばし、泳ぎの可能性を抑えるのです。子育てで私たちがやっているのは、そういうことなのだと原は言うのです。

実際子育てをする時には、私たちは、子どもたちが利発で、思いやりのある、情緒豊かなおとなになるためにはどうすればいいのかということだけに関心を注ぐでしょう。それが悪いと言うのではありません。

しかしここでは世界各地の子どもの姿を追いながら、人間にとって、そもそも子育てというのがいったい何であるのかに思いをめぐらせてみるところから考えてみてはどうかと、文化人類学者原ひろ子は提案しているのです。

二つめは、いつも一緒にいる親から子どもが学ぶことについてです。

原は、ヘヤー・インディアンと近代以降の日本の親子関係を比較しています。ヘヤーの子どもたちは、日々接しているおとなたちの仕事の中に「価値あるもの」を見出し、それを自分もやりたい、そのためにはこれもあれもできなくてはいけないということを成長する過程で自覚するようになります。他方、日本ではサラリーマン化によって、おとなの仕事の場が子どもたちの生活の場から切り離されてしまいました。その結果、おとなたちが何かに打ち込む姿から学ぶ機会がなくなってしまったのです。原はそのことによって、子どもたちが自力で人生を探索する能力が衰えてしまったのではないかと考えています。

ヘヤー・インディアンの七歳ぐらいの男の子は、将来自分がよい猟師になることを自覚するようになり、そのための腕を磨き始めます。女の子も上手にムース（ヘラジカ）の皮をなめすおとなになりたいと願って、修練を積み始めます。私たちの社会を、みなが単一の生業によって暮らしを立てているがために、子どもたちが間近でおとなの仕事に接するヘヤー・インディアンのような社会に変えてしまうことはできませんが、原は、おとなが何かに打ち込む姿を子どもに見せること自体に教育効果があるならば、私たちはヘヤー社会のやり方から積極的に学ぶべきだと言います。

ここで原は、私たちにとって、なじみの薄い社会の人たちのやり方を見て学ぶことの大切さを説いているのです。

V

三つめは、自らの体のことを学ぶ大切さについてです。

ヘヤー・インディアンは、極寒の季節に、体が冷え切ってすぐには暖が取れない時には、暫くそのことを我慢したり、薪が手に入れば、火を焚いて温めたりします。その過程で、自分の体と心のあり方がいろいろ分かってくるのだと原は言います。

ヘヤーの人たちは、いつもなら夜を徹して話に興じ、冗談を言い合って賑やかに過ごす人たちですが、食料が不足している時には、口数も少なくなりがちで、狩りに出かけた男の帰りを静かに待つようです。子どもたちも例外ではありません。子どももまた飢えを凌がなければならないのです。飢えの時期には、内臓の機能をあれこれと考えながら、人は自分の体に生ずる変化を読み取るのだと言います。

本書でははっきりと述べていませんが、専ら自然資源を利用しながら生きている狩猟採集民は、自然と連動して自らの体が生きてあること、また体に心も深くつながっていることを知っています。ヘヤーの人たちの振る舞いを見て、こうしたことは、人間として忘れてはならない大切なことだというのが、原の言いたいことなのです。自らの体のことをよく知るヘヤー・インディアンは、「ああ自分は死ぬな」と思うと、本当にまもなく死ぬと言います。それは、著者によれば、死をありのままに受け入れることに抵抗しているように見えるアメリカ人とは違う生き方であり、死に方なのです。

ヘヤーの人たちは、それぞれに自分の守護霊を持っています。彼らは、一生涯その守護霊と付き合い、守護霊に相談しながら生きていくのです。彼らにとっての守護霊とは、人間を超えた自然（超人間）のことにほかなりません。

極北の厳しい自然環境の中で、ヘヤー・インディアンは、生と死に関しては、人間を超えた大きな何かに従って生きているのです。彼らの生き方は、自然に耳を傾けるのではなく、人間の生み出した技術によって死をコントロールしようとする近代人の生き方とは異なっていると言えるでしょう。

Ⅵ

四つめは、親子関係と子育ての楽しみについてです。

私たちは、「自分で生んだ子どもは、自分で育てるのが当然だ」と考えていますが、ヘヤー・インディアンはそうは考えていないと言います。彼らは、子どもが多くて食料難になるだろうと予想される場合には、生まれてくる赤ん坊を、生後すぐに養子に出すことがあります。生後まもなくだけではなく、一五歳ぐらいまでのいろいろな年齢の子どもが養子に出されます。

老夫婦が他人の子どもをもらって、二度目の育児生活に入ることも稀ではありません。小さな子どもなら、薪をテントの中に運んだり、水を汲んだりして、何かと役に立ちます。また、養親の老後に子どもは、狩りや薪の切り出しもできるのです。また養子だからといって、負い目に感じることはありません。養子もまた、自分の生みの親が誰であるのかを知りながら暮らしているのです。

養子を取ったり養子に出したりして、実子も養子も含めてなされる子育ては、一種の〈アロペアレンティング〉です。アロペアレンティングとは、子育てを表す〈ペアレンティング〉に、もうひとつの、代わりのという意味の〈アロ〉という接頭辞を付けたもので、実の親ではない人たちによる養育のことです。生物学的な親以外のおとなたちが、子どもたちの世話をすることです。

みなで育てるアロペアレンティングを含めた子育てを、ヘヤー・インディアンの人たちはいったいどのように考えているのでしょうか？　ヘヤーの人たちは、「はたらく」こと、「あそぶ」こと、「やすむ」ことを区別していると言います。そのうちの「あそぶ」ことのカテゴリーに、子育てを入れています。

ヘヤーの人たちは、あそびながら、つまり楽しみながら、子育てをします。女だけが育児を担当するのではありません。誰もが「小さい者」についてよく知っていて、「あそんでやる」とか「子どもを危険から守ってやる」とは考えていません。逆に、自分たちが子どもに楽しませてもらっているのだと感じているのだと言います。

ヘヤーの人たちは、子どもの生態を観察して、人間について学んでいるのだとも言います。それに対して、日本の親の中には、子どもにこうあってほしいと願う度合いが強いため、子どものありのままの姿が見えない人がいるのかもしれません。その意味で、ヘヤー・インディアンは、子どもたちをあるがままに見ることの達人だと原は言います。アロペアレンティングを含む彼らの子育てとは、たんなる子どもの世話ではなく、育児の楽しみです。

あそびながら楽しんで子育てをしていると言っても、ヘヤーの人たちは、子どもを決しておもちゃにしているのではないと原は言います。そうではなくて、彼らは、子どもをおとなと対等の独立した人格として扱っているのです。だからおとなは子どもに対して謙虚なのだと言います。

白人の旅行者や商人の記録には、ヘヤー・インディアンは「しつけ」をしない下等な人たちだという記述があります。この見方は、ヘヤーの人たちがあそびながら楽しんで子育てをしていると評価する、原の見方とまるっきり逆です。

両者の意見の大きな隔たりから、私たちは、子育てとしつけのやり方に関して、様々な見方や考えがあることを知るでしょう。そしてそれらのことを、あれこれ悩みながら、実際の子どもに向き合う時のヒントにしていくことができるのです。

五つめは、男女の分業についてです。

ヘヤー・インディアン社会では、子守りや食事の準備、テントの移動、設営、薪集めなど、男女がいずれも従事します。ムースやカリブ（トナカイ）などの野生動物の狩猟は男性が行ないますが、皮なめしはほとんど女性が行なうようです。ウサギ狩りやテンなどの罠猟は、男性の収穫量が多いとはいえ、男女ともにやります。ヘヤー社会では、男女の仕事にほとんど区別はありません。彼らは機に応じて各自が全力を投入して、飢えや寒さに立ち向かうのだと原は述べています。

原は、男女の分業に関して比較のために、イスラエルのキブツの事例を取り上げています。キブツの基本理念は「人間の自由と平等」なのですが、母乳で育てることを奨励したため、授乳中の母親は「乳児の家」の近くでできる作業をするようになりました。その結果、サービス業は女性、生産労働は男性という分業が行われるようになったと言います。近代合理的な社会の仕組みの中では、男女平等の理念の実現は難しいということでしょうか。

原の望みは、家事に向かない女性が悪女呼ばわりされず、家事をしている男性が男らしくないと決めつけられることがない社会を築いていくことだと言います。社会のメンバーがみな単一の生業に従事して、厳しい自然環境を生き抜くヘヤー・インディアンのような社会以外では、ことによると、そうした理想の実現は難しいのかもしれません。それはそうだとしても、ヘヤー・インディアンのような、私たちにとってなじみの薄い社会の人たちのやり方に目を向けることで、男女の格差や分業などについて思索を深めるための想像力を養っていくことができるでしょう。

Ⅷ

六つめは、学びとは何かについてです。

私たちは、教えたり教えられたりすることは、人類に普遍的なことだと思っているかもしれません。しかし、ヘヤー・インディアンと付き合ってみて原は、それらのことは必ずしも絶対普遍的なことではないと考えるようになったと言います。

ヘヤーの人たちに、どのようにして、物事を覚えたのですかと尋ねると、専ら自分で覚えたのだという答えが返ってきます。誰々から習うとか、誰某から教えてもらうという言語表現は、ヘヤー語にはないとも言います。

ヘヤー・インディアンの文化には、教えてあげるや教えてもらう、誰々から習うということがないのです。彼らは、「自分で観察し、やってみて、自分で修正する」ことによって物事を覚えるのです。こうしたこともまた、ヘヤーの人たちが、子どもをおとなと対等に、独立した人格を持つ者として接していることに少なからず関係するように思われます。

自分自身で覚え、学ぶヘヤー・インディアンのような社会では、「師弟関係」のようなものも存在しません。先生の役割、生徒の役割という役割関係がないのです。原はそこから考察を一歩深めて、ヘヤーの人たちは、「人間が人間に対して、指示・命令できるものではない」と考えているのだと述べています。人間に対して指示を与えることができるのは、ただ守護霊だけなのです。

原は、自分で覚える必要があるので、ヘヤーの人たちは景色や、ものの形などを記憶する能力が高いと言います。彼らは、目の前にあるものをよく観察し、独力でものを作ったり、物事にあたったりするのです。

だから、折鶴を折っていても、ヘヤーの子どもたちは、じゃあ、今度は違う折紙の折り方を教えてほしいと原にねだってくるようなことはなかったと言います。彼らは、何が行なわれているのかをじっくりと観察して、やってみて、修正しながら独力でものを作り上げるのです。

この点に関して原は、とても興味深い考察を進めています。

ヘヤーの子どもたちが、折鶴を覚えるときには、その紙と子どもの間に強い交流が存在するのであり、彼らは、私と紙との間にある交流（つまり私が折紙を折っている状況）を、自分で再現しているといえると思います。ですから、子どもと私の間の交流は彼らにとって、主観的には重要でないのです。

ヘヤーの子どもたちにとって、ものを作る時、作り方をすでに知っている人、つまり先生と相互作用しながら学んだり、覚えたりはしないのです。彼らにとって大事なのは、紙との間で相互応答を続けながら、もの作りを進めていくことなのです。

私たちは何かを学ぶためには、まずは誰かに教えてもらわなければならないと考えるでしょう。しかしヘヤー・インディアンの社会では、学ぶことは必ずしも誰かに教えられることではないのです。

このことから言えるのは、先生がいて生徒がいることだけから、必ずしも学びが成り立っているのではないということです。誰かがやっていることをよく観察しながら、自分の目の前にあるものとの相互作用をつうじて、やってみてうまくいかなければ修正し、少しずつ完成に向けて進んでいくこともまた学びなのです。

いま一度、ひるがえって、私たちの問題としてこのことを考えてみましょう。私たちは、先生がいて生徒がいるということが学びの基本だと思っているのかもしれません。でも、そうしたやり方だけではなく、ヘヤー・インディアンのような学びのやり方もあります。私たちは、私たちにとってあたりまえになっている学びの基本にあまりにも忠実なために、かえって学びを硬直化させることになっていないでしょうか？

そうした問いかけが、ここでの原のメッセージなのです。

IX

これまで、本書の論点を六つに絞り込んで見てきました。

このような考察を可能にしたヘヤー・インディアンの人たちとの暮らしを振り返って、原は最後に以下のように述べています。一九七三年のことです。

一九六〇年代の初期に私が接した「自分で覚える」ヘヤー・インディアンの個人個人が、おとなも子どもも、それぞれ、自信にみち、生き生きとしていたことが忘れられません。彼らは、自分自身で主体的にまわりの世界と接し、自分の世界を自分で築く喜びを知っている人間の美しさをもっていました。

ヘヤー・インディアンの人たちが、自分で覚えようとして、自信にあふれて生き生きしているさまに原は強く印象づけられたのです。それを、美しいとまで言っています。

帰国した原は、日本の教育制度に関して、以下のように述べています。

日本に帰って来て、まわりを見まわしたとき、子どもも、青年も、「教えられる」ことに忙しすぎるのではないかと思うようになりました。もちろん、はじめに述べたように、私たちが住んでいる現代日本の文明社会においては、一定のカリキュラムにもとづいた教育が必要であることは認めます。しかし自分の心に浮かぶ好奇心を自分のペースで追求していくためのひまがない子どもが多いことは、悲しいことだと思います。

たしかに、小学生から大学生にいたるまで、日本の子どもたちは、「教えられる」ことに忙しすぎます。そのことによって、自発的に覚えたり学んだりする喜びを体験できなくなっているというのは、考えてみればとても不幸なことです。

この言葉が発せられたのが一九七三年だとすると、それからすでに半世紀が経ちました。子どもたちが、よく見て、自分でやってみるために、おとなたちもまたゆとりを持つというふうには、どう考えても進んできていません。教育の現場に限って言えば、生徒も教員もますます忙しくなってしまっているように思えます。

極北の地を始めとして、地球上のあちらこちらから届けられる、子育てや親子関係や男女の役割や学ぶことといったトピックについての貴重な数々の報告を、私たちはいま一度真剣に受け取ってみる必要があるのではないでしょうか？　私たちは、遠く離れた場所の子どもたちのことは、私たちにはまったく関係がないと思ってしまうのかもしれません。今からでも決して遅くはありません。極北のインディアンの子どもたちの育ち方、育てられ方を真剣に受け取るべきでしょう。

本書は一九七三年から七六年にかけて書かれたエッセイがもとになっていますが、半世紀が過ぎても、そのメッセージ性は、色褪せるどころか、ますます重要性をもって私たちに迫ってきます。だからこそ、読者は、やさしげな語り口で、全編にわたって分かりやすく語りかける原の文体にまどわされて、ほのぼのとしたいい話として読むだけで、本書のラディカルなメッセージを読みあやまることがあってはならないでしょう。

本書には、現代社会の子どもをめぐる状況に対する批判的な視点だけではなく、それを考え深めていくための大切なヒントや手がかりがたくさん隠されています。

（おくの・かつみ　立教大学・文化人類学）

本書は、一九七九年二月、晶文社より刊行された『子どもの文化人類学』を文庫化したものである。

戦後日本漢字史　阿辻哲次
GHQの漢字仮名廃止案、常用漢字制定に至る制度的変遷、ワープロの登場。漢字はどのような議論や試行錯誤を経て、今日の使用へと至ったか。

現代小説作法　大岡昇平
西欧文学史に通暁し、自らの作品においては常に事物を明晰に観じ、描き続けた著者が、小説作法の要諦を論じ尽くした名著を再び。（中条省平）

折口信夫伝　岡野弘彦
古代人との魂の響き合いを悲劇的なまでに追求した人・折口信夫。敗戦後の思想まで、最後の弟子が師の内面を描く。追慕と鎮魂の念に満ちた傑作伝記。

日本文学史序説（上）　加藤周一
日本文学の特徴、その歴史的発展や固有の構造を浮き上がらせて、万葉の時代から源氏・今昔・能・狂言を経て、江戸時代の徂徠や俳諧まで。

日本文学史序説（下）　加藤周一
従来の文壇史やジャンル史などの枠組みを超えて、幅広い視座に立ち、江戸町人の時代から、国学や蘭学を経て、維新・明治、現代の大江まで。

村上春樹の短編を英語で読む 1979～2011（上）　加藤典洋
英訳された作品を糸口に村上春樹の短編世界を読み解き、その全体像を一望する画期的批評。村上の小説家としての「闘い」の様相をあざやかに描き出す。

村上春樹の短編を英語で読む 1979～2011（下）　加藤典洋
デタッチメントからコミットメントへ——。デビュー以来の80編におよぶ短編を丹念にたどることで浮かびあがる、村上の転回の意味とは？（松家仁之）

江戸奇談怪談集　須永朝彦編訳
江戸の書物に遺る夥しい奇談・怪談から選りすぐった百八十余篇を集成。端麗な現代語訳により、古の妖しく美しく怖ろしい世界が現代によみがえる。

王朝奇談集　須永朝彦編訳
『今昔物語集』『古事談』『古今著聞集』等の古典から稀代のアンソロジストが流麗な現代語訳で遺した82編。幻想とユーモアの玉手箱。（金沢英之）

コミュニティ　ジグムント・バウマン　奥井智之訳
グローバル化し個別化する世界のなかで、コミュニティはいかなる様相を呈しているか。安全をとるか、自由をとるか。代表的社会学者が根源から問う。

近代とホロコースト〔完全版〕　ジグムント・バウマン　森田典正訳
近代文明はホロコーストの必要条件であった――。社会学の視点から、ホロコーストを現代社会の本質に深く根ざしたものとして捉えたバウマンの主著。

フーコー文学講義　ミシェル・フーコー　柵瀬宏平訳
シェイクスピア、サド、アルトー、レリス……。フーコーが文学と取り結んでいた複雑で、批判的で、戦略的な関係とは何か。未発表の記録、本邦初訳。

ウンコな議論　ハリー・G・フランクファート　山形浩生訳／解説
ごまかし、でまかせ、いいのがれ。なぜ世の中、こんなものがみちるのか。道徳哲学の泰斗がその正体とカラクリを解く。爆笑必至の訳者解説を付す。

21世紀を生きるための社会学の教科書　ケン・プラマー　赤川学監訳
パンデミック、経済格差、気候変動など現代世界が直面する諸課題を視野に収めつつ社会学の新しい知見を解説。社会学の可能性を論じた最良の入門書。

世界リスク社会論　ウルリッヒ・ベック　島村賢一訳
迫りくるリスクは我々から何を奪い、何をもたらすのか。『危険社会』の著者が、近代社会の根本原理をくつがえすリスクの本質と可能性に迫る。

民主主義の革命　エルネスト・ラクラウ／シャンタル・ムフ　西永亮／千葉眞訳
グラムシ、デリダらの思想を摂取し、根源的で複数的なデモクラシーへ向けて、新たなヘゲモニー概念を提示した、ポスト・マルクス主義の代表作。

鏡の背面　コンラート・ローレンツ　谷口茂訳
人間の認識システムはどのように進化してきたのか、そしてその特徴とは。ノーベル賞受賞の動物行動学者が試みた抱括的知識による壮大な総合人間哲学。

人間の条件　ハンナ・アレント　志水速雄訳
人間の活動的生活を《労働》《仕事》《活動》の三側面から考察し、《労働》優位の近代世界を思想史的に批判したアレントの主著。（阿部齊）

実存から実存者へ
エマニュエル・レヴィナス
西谷修 訳
世界の内に生きて「ある」とはどういうことか。存在は「悪」なのか。初期の主著にしてアウシュヴィッツ以後の哲学的思索の極北を示す記念碑的著作。

倫理と無限
エマニュエル・レヴィナス
西山雄二 訳
自らの思想の形成と発展を、代表的著作にふれながら語ったインタビュー。平易な語り口で、自身によるレヴィナス思想の解説とも言える魅力的な一冊。

仮面の道
C・レヴィ＝ストロース
山口昌男／渡辺守章／渡辺公三訳
北太平洋西岸の原住民が伝承する仮面。そこに反映された神話世界を、構造人類学のラディカルな理論で切りひらいて見せる。増補版を元にした完全版。

黙示録論
D・H・ロレンス
福田恆存 訳
抑圧が生んだ歪んだ自尊と復讐の書「黙示録」を読みとき、現代人が他者を愛することの困難とその克服を切実に問うた20世紀の名著。（高橋英夫）

考える力をつける哲学問題集
スティーブン・ロー
中山元 訳
宇宙はどうなっているのか？ 心とは何か？ 遺伝子操作は許されるのか？ 多彩な問いを通し、「哲学する」技術と魅力を堪能できる対話集。

プラグマティズムの帰結
リチャード・ローティ
室井尚ほか訳
真理への到達という認識論的欲求と、その呪縛からの脱却を模索したプラグマティズムの系譜。その戦いを経て、哲学に何ができるのか？ 鋭く迫る！

知性の正しい導き方
ジョン・ロック
下川潔 訳
自分の頭で考えることはなぜ難しく、どうすればその困難を克服できるのか。近代を代表する思想家が、誰にでも実践可能な道筋を具体的に伝授する。

ニーチェを知る事典
渡邊二郎
西尾幹二 編
50人以上の錚々たる執筆者による「読むニーチェ事典」。彼の思想の深淵と多面的世界を様々な角度から描き出す。巻末に読書案内（清水真木）を増補。

概念と歴史がわかる
西洋哲学小事典
生松敬三／木田元／
伊東俊太郎／岩田靖夫編
各分野を代表する大物が解説する、ホンモノかつコンパクトな哲学事典。教養を身につけたい人、議論したい人、レポート執筆時に必携の便利な一冊！

近代日本思想選 福沢諭吉　宇野重規 編

近代日本の代表的思想家であり体現者であった福沢諭吉。その思想の今日的意義を明らかにすべく清新な観点から重要論考を精選。文庫初収録作品多数。

ドイツ観念論とは何か　久保陽一

ドイツ観念論は「疾風怒濤」の時代を担った様々な思想家たちとの交流から生まれたものだった。その実情を探り、カント以後の形而上学の可能性を問う。

増補改訂 剣の精神誌　甲野善紀

千回を超す試合に一度も敗れなかった江戸中期の天才剣客真里谷円四郎。その剣技の成立過程に焦点を当て、日本の「武」の精神文化の深奥を探る。

増補 民族という虚構　小坂井敏晶

〈民族〉は、いかなる構造と機能を持つのか。血縁・文化連続性・記憶の再検証によって我々の常識を覆し、開かれた共同体概念の構築を試みた画期的論考。

増補 責任という虚構　小坂井敏晶

ホロコースト・死刑・冤罪の分析から現れる責任の論理構造とは何か。そして人間の根源的姿とは。補考「近代の原罪」を付した決定版。（尾崎一郎）

朱子学と陽明学　小島毅

近世儒教を代表し、東アジアの思想文化に多大な影響を与えた朱子学と陽明学。この二大流派の由来と実像に迫る。通俗的理解を一蹴する入門書決定版！

増補 靖国史観　小島毅

靖国神社の思想的根拠は、神道というよりも儒教にある！　幕末・維新の思想史をたどり近代史観の独善性を暴き出した快著の増補決定版。（與那覇潤）

かたり　坂部恵

物語は文学だけでなく、哲学、言語学、科学的理論にもある。あらゆる学問を貫く「物語」についての領域横断的論考。（野家啓一）

〈権利〉の選択　笹澤豊

日本における〈権利〉の思想は、西洋の〈ライト〉の思想とどう異なり、何が通底するか。この問いを糸口に、権利思想の限界と核心に迫る。（永井均）

非常民の民俗文化　赤松啓介

柳田民俗学による「常民」概念を逆説的な梃子として、「非常民」こそが人間であることを宣言した、赤松民俗学最高の到達点。（阿部謹也）

日本の昔話（上）　稲田浩二編

神々が人界をめぐり鶴女房が飛来する語りの世界。はるかな時をこえて育まれた各地の昔話の集大成。上巻は「桃太郎」などのむかしがたり103話を収録。

日本の昔話（下）　稲田浩二編

ほんの少し前まで、昔話は幼な子が人生の最初に楽しむ文芸だった。下巻には「かちかち山」など動物昔話29話、笑い話123話、形式話7話を収録。

増補 死者の救済史　池上良正

未練を残しこの世を去った者に、日本人はどう向き合ってきたか。民衆宗教史の視点からその宗教観・死生観を問い直す。「靖国信仰の個人性」を増補。

神話学入門　大林太良

神話研究の系譜を辿りつつ、民族・文化との関係を解明し、解釈に関する幾つもの視点、神話の分類、類話の分布などについても詳述する。（山田仁史）

アイヌ歳時記　萱野茂

アイヌ文化とはどのようなものか。その四季の暮らしをたどりながら、食文化、習俗、神話・伝承、世界観などを幅広く紹介する。（北原次郎太）

異人論　小松和彦

「異人殺し」のフォークロアの解析を通し、隠蔽され続けてきた日本文化の「闇」の領野を透視する。新しい民俗学誕生を告げる書。（中沢新一）

聴耳草紙　佐々木喜善

昔話発掘の先駆者として「日本のグリム」とも呼ばれる著者の代表作。故郷・遠野の昔話を語り口を生かして綴った一八三篇。（益田勝実／石井正己）

民間信仰　桜井徳太郎

民衆の日常生活に息づく信仰現象や怪異の正体とは？　柳田門下最後の民俗学者が、日本人の暮らしの奥に潜むものを生き生きと活写。（岩本通弥）

贈与論
マルセル・モース
吉田禎吾／江川純一訳
「贈与と交換こそが根源的人類社会を創出した」。人類学、宗教学、経済学ほか諸学に多大の影響を与えた不朽の名著、待望の新訳決定版。

山口昌男コレクション
山口昌男
今福龍太編
20世紀後半の思想界を疾走した著者の代表的論考をほぼ刊行編年順に収録。この独創的な人類学者＝思想家の知の世界を一冊で総覧する。（今福龍太）

身ぶりと言葉
アンドレ・ルロワ＝グーラン
荒木亨訳
先史学・社会文化人類学の泰斗の代表作。人の生物学的進化、人類学的発展、大脳の発達、言語の文化的機能を壮大なスケールで描いた大著。（松岡正剛）

世界の根源
アンドレ・ルロワ＝グーラン
蔵持不三也訳
人間の進化に迫った人類学者ルロワ＝グーラン。半生を回顧しつつ、人類学・歴史学・博物館の方向性、言語・記号論・身体技法等を縦横無尽に論じる。

民俗地名語彙事典
松永美吉
日本地名研究所編
柳田国男の薫陶を受けた著者が、博捜と精査により日本の地名に関する基礎情報を集成。土地の記憶を次世代へつなぐための必携の事典。（小田富英）

日本の歴史をよみなおす（全）
網野善彦
中世日本に新しい光をあて、その真実と多彩な横顔を平明に語り、日本社会のイメージを根本から問い直す。超ロングセラーを続編と併せ文庫化。

米・百姓・天皇
網野善彦
石井進
日本とはどんな国なのか、なぜ米が日本史を解く鍵なのか、通史を書く意味は何なのか。これまでの日本史理解に根本的転回を迫る衝撃の書。（伊藤正敏）

列島の歴史を語る
網野善彦
藤沢・網野さんを囲む会編
日本は決して「一つ」ではなかった！　中世史に新次元を開いた著者が、日本の地理的・歴史的な多様性と豊かさを平明に語った講演録。（五味文彦）

列島文化再考
網野善彦／塚本学／坪井洋文／宮田登
近代国家の枠組みに縛られた歴史観をくつがえし、列島に生きた人々の真の姿を描き出す、歴史学・民俗学の幸福なコラボレーション。（新谷尚紀）

ヴードゥーの神々
ゾラ・ニール・ハーストン
常田景子訳
20世紀前半、黒人女性学者がカリブ海宗教研究の旅に出る。秘儀、愛の女神、ゾンビ——学術調査と口承文学を往還する異色の民族誌。（今福龍太）

初版 金枝篇（上）
J・G・フレイザー
吉川信訳
人類の多様な宗教的想像力が生み出した多様な事例を収集し、その普遍的説明を試みた社会人類学最大の古典。膨大な註を含む初版の本邦初訳。

初版 金枝篇（下）
J・G・フレイザー
吉川信訳
なぜ祭司は前任者を殺さねばならないのか？ そして、殺す前になぜ〈黄金の枝〉を折り取るのか？ 事例の博捜の末、探索行は謎の核心に迫る。

火の起原の神話
J・G・フレイザー
青江舜二郎訳
人類はいかにして火を手に入れたのか。世界各地より夥しい神話や伝説を渉猟し、文明初期の人類の精神世界を探った名著。（前田耕作）

未開社会における性と抑圧
B・マリノフスキー
阿部年晴／真崎義博訳
人類における性は、内なる自然と文化的力との相互作用のドラマである。この人間存在の深淵に到るテーマを比較文化的視点から問い直した古典的名著。

ケガレの民俗誌
宮田登
被差別部落、性差別、非常民の世界など、日本民俗の深層に根づいている不浄なる観念と差別の問題を考察した先駆的名著。（赤坂憲雄）

はじめての民俗学
宮田登
現代社会に生きる人々が抱く不安や畏れ、怖さの源はどこにあるのか。民俗学の入門的知識をやさしく説きつつ、現代社会に潜むフォークロアに迫る。

南方熊楠随筆集
益田勝実編
博覧強記にして奔放不羈、稀代の天才にして孤高の自由人・南方熊楠。この猥雑なまでに豊饒な不世出の頭脳のエッセンス。（益田勝実）

奇談雑史
宮負定雄
佐藤正英／武田由紀子校訂・注
霊異、怨霊、幽明界など、さまざまな奇異な話の集大成。柳田国男は、本書より名論文「山の神とヲコゼ」を生み出す。日本民俗学、説話文学の幻の名著。

ちくま学芸文庫

子《こ》どもの文化《ぶんか》人類学《じんるいがく》

二〇二三年一月 十 日 第一刷発行
二〇二四年十月十五日 第四刷発行

著 者 原ひろ子（はら・ひろこ）
発行者 増田健史
発行所 株式会社 筑摩書房
東京都台東区蔵前二―五―三 〒一一一―八七五五
電話番号 〇三―五六八七―二六〇一（代表）
装幀者 安野光雅
印刷所 株式会社精興社
製本所 株式会社積信堂

ISBN978-4-480-51163-8 C0139